Bucătăria Magica a Indiei

Descoperă Aromele și Tradițiile Sale Culinară

Elena Popescu

Cuprins

Vinete umplute 18
    Ingrediente 18
    Metodă 18

Sarson ka Saag 19
    Ingrediente 19
    Metodă 20

Shahi Paneer 21
    Ingrediente 21
    Metodă 22

Cartofi Tandoori 23
    Ingrediente 23
    Metodă 23

Curry de porumb 25
    Ingrediente 25
    Metodă 26

Piper Verde Masala 27
    Ingrediente 27
    Metodă 28

Tirtăcuță fără ulei 29
    Ingrediente 29
    Metodă 29

Bame cu iaurt 30
    Ingrediente 30

Metodă 31
Karela sote 32
Ingrediente 32
Metodă 33
Varză cu mazăre 34
Ingrediente 34
Metodă 34
Cartofi în sos de roșii 35
Ingrediente 35
Metodă 35
Matar Palak 36
Ingrediente 36
Metodă 37
Varza Masala 38
Ingrediente 38
Metodă 39
Curry de vinete 40
Ingrediente 40
Metodă 41
Simla Mirch ka Bharta 42
Ingrediente 42
Metodă 43
Curry cu tărtăcuță din sticla rapidă 44
Ingrediente 44
Metodă 44
Kaala Chana Curry 45
Ingrediente 45

- Metodă 46
- Kalina 47
  - Ingrediente 47
  - Metodă 48
- Conopida Tandoori 49
  - Ingrediente 49
  - Metodă 49
- Kaala Chana picant 50
  - Ingrediente 50
  - Metodă 51
- Tur Dhal Kofta 52
  - Ingrediente 52
  - Metodă 52
- Conopida Shahi 53
  - Ingrediente 53
  - Metodă 54
- Okra Gojju 55
  - Ingrediente 55
  - Metodă 55
- Yam în sos verde 56
  - Ingrediente 56
  - Pentru sos: 56
  - Metodă 57
- Simla Mirch ki Sabzi 58
  - Ingrediente 58
  - Metodă 59
- Curry de conopidă 60

Ingrediente 60

Metodă 60

Haaq 61

Ingrediente 61

Metodă 62

Conopida uscată 63

Ingrediente 63

Metodă 63

Korma de legume 64

Ingrediente 64

Metodă 65

Vinete prajite 66

Ingrediente 66

Pentru marinata: 66

Metodă 66

Curry de roşii roşii 67

Ingrediente 67

Metodă 68

Aloo Matar Curry 69

Ingrediente 69

Metodă 70

Badshahi Baingan 71

Ingrediente 71

Metodă 72

Cartofi în Garam Masala 73

Ingrediente 73

Metodă 73

Tamilian Korma 74
    Ingrediente 74
    Pentru amestecul de condimente: 74
    Metodă 75
Vinete uscate cu ceapa si cartofi 76
    Ingrediente 76
    Metodă 76
Koftas Lajawab 77
    Ingrediente 77
    Pentru koftas: 77
    Metodă 78
Teekha Baingan Masala 79
    Ingrediente 79
    Metodă 79
Kofta de legume 80
    Ingrediente 80
    Metodă 81
Dovleac uscat 82
    Ingrediente 82
    Metodă 82
Legume amestecate cu schinduf 83
    Ingrediente 83
    Metodă 84
Dum Gobhi 85
    Ingrediente 85
    Metodă 85
Chhole 86

Ingrediente 86

Metodă 87

Curry de vinete cu ceapa si cartofi 88

Ingrediente 88

Metodă 89

Dovleac de sticlă simplă 90

Ingrediente 90

Metodă 90

Curry de legume mixte 91

Ingrediente 91

Metodă 92

Legume uscate amestecate 93

Ingrediente 93

Metodă 94

Cartofi uscați și mazăre 95

Ingrediente 95

Metodă 95

Dhokar Dhalna 96

Ingrediente 96

Metodă 97

Cartofi prajiti picante 98

Ingrediente 98

Metodă 98

Dovleac cu gram fiert 99

Ingrediente 99

Metodă 100

Dum Aloo 101

Ingrediente 101

    Pentru pasta: 101

    Metodă 102

Legume Makkhanwala 103

    Ingrediente 103

    Metodă 103

Fasole franțuzească cu Mung Dhal 105

    Ingrediente 105

    Metodă 105

Cartofi picant cu sos de iaurt 106

    Ingrediente 106

    Metodă 107

Piper verde umplut 108

    Ingrediente 108

    Metodă 109

Doi Phulkopi Aloo 110

    Ingrediente 110

    Metodă 111

Piper verde cu Besan 112

    Ingrediente 112

    Metodă 112

Vinete cu mazare 113

    Ingrediente 113

    Metodă 114

Bandakopir Ghonto 115

    Ingrediente 115

    Metodă 116

Bhaja Mashlar a început 117
    Ingrediente 117
    Metodă 117
Zunka 118
    Ingrediente 118
    Metodă 119
Curry de nap 120
    Ingrediente 120
    Metodă 121
Chhaner Dhalna 122
    Ingrediente 122
    Metodă 123
Porumb cu nucă de cocos 124
    Ingrediente 124
    Pentru pasta de cocos: 124
    Metodă 125
Piper verde cu cartofi 126
    Ingrediente 126
    Metodă 127
Mazăre condimentată cu cartofi 128
    Ingrediente 128
    Metodă 129
Ciuperci sotate 130
    Ingrediente 130
    Metodă 130
Ciupercă picantă cu porumb 131
    Ingrediente 131

Metodă 132
Conopidă uscată condimentată...133
    Ingrediente 133
    Metodă 134
Curry cu ciuperci 135
    Ingrediente 135
    Metodă 136
Baingan Bharta 137
    Ingrediente 137
    Metodă 138
Legume Hyderabadi...139
    Ingrediente 139
    Pentru amestecul de condimente: 139
    Metodă 140
Kaddu Bhaji*...141
    Ingrediente 141
    Metodă 142
Muthia nu Shak...143
    Ingrediente 143
    Metodă 144
Dovleac Koot 145
    Ingrediente 145
    Metodă 146
Rassa 147
    Ingrediente 147
    Metodă 148
Doodhi Manpasand 149

Ingrediente 149

Metodă 150

Chokha de roșii 151

Ingrediente 151

Metodă 151

Baingan Chokha 152

Ingrediente 152

Metodă 152

Curry cu conopidă și mazăre 154

Ingrediente 154

Metodă 154

Aloo Methi ki Sabzi 156

Ingrediente 156

Metodă 156

Karela dulce-acrișoară 157

Ingrediente 157

Metodă 158

Karela Koshimbir 159

Ingrediente 159

Metodă 159

Karela Curry 160

Ingrediente 160

Metodă 161

Chilli Conopida 162

Ingrediente 162

Metodă 162

Curry cu nuci 163

Ingrediente 163

Metodă 164

Daikon pleacă de la Bhaaji 165

Ingrediente 165

Metodă 165

Chhole Aloo 166

Ingrediente 166

Metodă 167

Curry de arahide 168

Ingrediente 168

Metodă 169

Fasole franceză Upkari 170

Ingrediente 170

Metodă 170

Karatey Ambadey 172

Ingrediente 172

Metodă 173

Kadhai Paneer 174

Ingrediente 174

Metodă 174

Kathirikkai Vangi 175

Ingrediente 175

Metodă 176

Pitla 177

Ingrediente 177

Metodă 178

Masala de conopida 179

Ingrediente 179

Pentru sos: 179

Metodă 180

Shukna Kacha Pepe 181

Ingrediente 181

Metodă 182

Bame uscate 183

Ingrediente 183

Metodă 183

Conopida Moghlai 184

Ingrediente 184

Metodă 184

Bhapa Shorshe Baingan 186

Ingrediente 186

Metodă 187

Legume coapte în sos picant 188

Ingrediente 188

Metodă 189

Tofu gustos 190

Ingrediente 190

Metodă 190

Aloo Baingan 191

Ingrediente 191

Metodă 192

Curry de mazăre cu zahăr 193

Ingrediente 193

Metodă 193

Cartofi Dovleac Curry 195
    Ingrediente 195
    Metodă 196

Thoran de ou 197
    Ingrediente 197
    Metodă 198

Baingan Lajawab 199
    Ingrediente 199
    Metodă 200

Veggie Bahar 201
    Ingrediente 201
    Metodă 202

Legume umplute 203
    Ingrediente 203
    Pentru umplutura: 203
    Metodă 204

Singhi Aloo 205
    Ingrediente 205
    Metodă 205

Sindhi Curry 206
    Ingrediente 206
    Metodă 207

Gulnar Kofta 208
    Ingrediente 208
    Pentru amestecul de condimente: 208
    Metodă 209

Paneer Korma 210

Ingrediente 210

Metodă 211

Cartofi Chutney 212

Ingrediente 212

Metodă 213

Lobia 214

Ingrediente 214

Metodă 215

Legumă Khatta Meetha 216

Ingrediente 216

Metodă 217

Dahiwale Chhole 218

Ingrediente 218

Metodă 219

Vinete umplute

Porti 4

Ingrediente

10 vinete mici

1 ceapa mare, tocata marunt

3 linguri de nucă de cocos proaspătă, rasă

1 lingurita chimen macinat

1 lingurita praf de chilli

50g/1¾oz frunze de coriandru, tocate

Suc de 1 lămâie

Sarat la gust

3 linguri ulei vegetal rafinat

Metodă

- Faceți o cruce cu un cuțit la un capăt al fiecărei vinete și tăiați, fără a tăia celălalt capăt. Pus deoparte.

- Se amestecă ingredientele rămase, cu excepția uleiului. Umpleți acest amestec în vinetele tăiate.

- Încinge uleiul într-o tigaie. Adăugați vinetele și prăjiți-le la foc mediu timp de 3-4 minute. Acoperiți și gătiți timp de 10 minute, răsturnând din când în când vinetele cu grijă. Se serveste fierbinte.

Sarson ka Saag

(Verde de muștar în sos)

Porti 4

Ingrediente

3 linguri ulei vegetal rafinat

100 g/3½ oz frunze de muștar, tocate

200g/7oz spanac, tocat mărunt

3 ardei iute verzi, tăiați pe lungime

1 cm/½ in rădăcină de ghimbir, tăiată juliană

2 catei de usturoi, macinati

Sarat la gust

250 ml/8 fl oz apă

2 linguri ghee

O bucată de unt

Metodă

- Încinge uleiul într-o cratiță. Adăugați frunzele de muștar, spanacul și ardeiul iute. Prăjiți-le la foc mediu timp de un minut.

- Adăugați ghimbirul, usturoiul, sarea și apa. Amesteca bine. Se fierbe timp de 10 minute.

- Pasează amestecul într-un blender până la omogenizare.

- Transferați într-o cratiță și gătiți la foc mediu timp de 15 minute.

- Se ornează cu unt. Se serveste fierbinte.

Shahi Paneer

(Paneer în sos bogat)

Porti 4

Ingrediente

4 linguri ulei vegetal rafinat

Panoul de 500 g/1 lb 2 oz*, tocat

2 cepe mari, măcinate până la o pastă

1 lingurita pasta de ghimbir

1 lingurita pasta de usturoi

1 lingurita praf de chilli

300 g/10 oz piure de roșii

200g/7oz iaurt, batut

250 ml/8 fl oz cremă unică

Sarat la gust

Metodă

- Se încălzește 1 lingură de ulei într-o cratiță. Adăugați bucățile de panou. Prăjiți-le la foc mediu până devin maro auriu. Scurgeti si puneti deoparte.

- Adăugați uleiul rămas în aceeași tigaie. Adăugați ceapa, pasta de ghimbir și pasta de usturoi. Se prăjește un minut. Adăugați paneerul și restul ingredientelor. Gatiti 5 minute, amestecand din cand in cand. Se serveste fierbinte.

Cartofi Tandoori

Porti 4

Ingrediente

16 cartofi mari, decojiti

Ulei vegetal rafinat pentru prăjire

3 linguri rosii tocate marunt

1 lingura frunze de coriandru, tocate

1 lingurita garam masala

100 g/3½ oz brânză Cheddar, rasă

Sarat la gust

Suc de 2 lămâi

Metodă

- Scoateți cartofii. Rezervați carnea și părțile scobite.

- Încinge uleiul într-o tigaie. Adăugați cartofii scobiți. Prăjiți-le la foc mediu până devin maro auriu. Pus deoparte.

- În același ulei, se adaugă cartofii tăiați și toate ingredientele rămase, mai puțin sucul de lămâie. Se caleste la foc mic timp de 5 minute.

- Umpleți acest amestec în cartofii gol.

- Coaceți cartofii umpluți într-un cuptor la 200°C (400°F, Gas Mark 6) timp de 5 minute.

- Peste cartofi se presara zeama de lamaie. Se serveste fierbinte.

Curry de porumb

Porti 4

Ingrediente

1 cartof mare, fiert și piure

500g/1lb 2oz piure de roșii

3 linguri ulei vegetal rafinat

8 frunze de curry

2 linguri fasole[*]

1 lingurita pasta de ghimbir

½ linguriță turmeric

Sarat la gust

1 lingurita garam masala

1 lingurita praf de chilli

3 linguri de zahar

250 ml/8 fl oz apă

4 porumb pe stiuleti, tocati in cate 3 bucati si fierti

Metodă

- Se amestecă bine piureul de cartofi cu piureul de roşii. Pus deoparte.

- Încinge uleiul într-o cratiţă. Adăugaţi frunzele de curry. Lasă-le să trosnească timp de 10 secunde. Adăugaţi pasta de besan şi ghimbir. Se prăjeşte la foc mic până se rumeneşte.

- Adăugaţi amestecul de cartofi-roşii şi toate ingredientele rămase, cu excepţia porumbului. Se fierbe timp de 3-4 minute.

- Adăugaţi bucăţile de porumb. Amesteca bine. Se fierbe timp de 8-10 minute. Se serveste fierbinte.

Piper Verde Masala

Porti 4

Ingrediente

1½ lingură ulei vegetal rafinat

1 lingurita garam masala

¼ linguriță turmeric

½ linguriță pastă de ghimbir

½ linguriță pastă de usturoi

1 ceapa mare, tocata marunt

1 rosie, tocata marunt

4 ardei verzi mari, taiati julienne

125 g iaurt

Sarat la gust

Metodă

- Încinge uleiul într-o cratiță. Adăugați garam masala, turmericul, pasta de ghimbir și pasta de usturoi. Prăjiți acest amestec la foc mediu timp de 2 minute.

- Adăugați ceapa. Se prăjește până devine translucid.

- Adaugati rosiile si ardeii verzi. Se prăjește 2-3 minute. Adăugați iaurtul și sarea. Amesteca bine. Gatiti 6-7 minute. Se serveste fierbinte.

Tirtăcuță fără ulei

Porti 4

Ingrediente

500 g/1 lb 2 oz tărtăcuță*, jupuite si tocate

2 rosii, tocate marunt

1 ceapa mare, tocata marunt

1 lingurita pasta de ghimbir

1 lingurita pasta de usturoi

2 ardei iute verzi, tocati marunt

½ linguriță coriandru măcinat

½ linguriță chimen măcinat

25 g frunze de coriandru, tocate mărunt

120 ml/4 fl oz apă

Sarat la gust

Metodă

- Amestecă toate ingredientele împreună. Gatiti intr-o cratita la foc mic timp de 20 de minute. Se serveste fierbinte.

Bame cu iaurt

Porti 4

Ingrediente

3 linguri ulei vegetal rafinat

½ linguriță de semințe de chimen

500g/1lb 2oz okra, tocate

½ linguriță pudră de chilli

¼ linguriță turmeric

2 ardei iute verzi, tăiați pe lungime

1 linguriță de ghimbir, tăiat juliană

200 g/7 oz iaurt

1 lingurita besan*, dizolvat în 1 lingură apă

Sarat la gust

1 lingura frunze de coriandru, tocate marunt

Metodă

- Încinge uleiul într-o cratiță. Adăugați semințele de chimen. Lăsați-le să stropească timp de 15 secunde.

- Adăugați okra, pudra de ardei iute, turmeric, ardei iute și ghimbir.

- Gatiti la foc mic timp de 20 de minute, amestecand din cand in cand.

- Adăugați iaurtul, amestecul de fasole și sarea. Gatiti 5 minute.

- Ornează bamele cu frunze de coriandru. Se serveste fierbinte.

Karela sote

(Trăviță amară sotă)

Porti 4

Ingrediente

4 tărtăcuțe amare de mărime medie*

Sarat la gust

1½ lingură ulei vegetal rafinat

½ linguriță de semințe de muștar

½ linguriță turmeric

½ linguriță pastă de ghimbir

½ linguriță pastă de usturoi

2 cepe mari, tocate mărunt

½ linguriță pudră de chilli

¾ linguriță jaggery*, ras

Metodă

- Curățați tărtăcuțele amare și tăiați-le în jumătăți, pe lungime. Aruncați semințele și tăiați fiecare jumătate în felii subțiri. Adăugați sarea și lăsați deoparte 20 de minute. Stoarceți apa. Pune din nou deoparte.
- Încinge uleiul într-o cratiță. Adăugați semințele de muștar. Lăsați-le să stropească timp de 15 secunde.
- Adăugați ingredientele rămase și prăjiți-le la foc mediu timp de 2-3 minute. Adăugați tărtăcuța amară. Amesteca bine. Gatiti 5 minute la foc mic. Se serveste fierbinte.

Varză cu mazăre

Porti 4

Ingrediente

1 lingura ulei vegetal rafinat

1 linguriță de semințe de muștar

2 ardei iute verzi, tăiați pe lungime

¼ linguriță turmeric

400g/14oz varză, mărunțită mărunt

125 g/4½ oz mazăre proaspătă

Sarat la gust

2 linguri de nucă de cocos deshidratată

Metodă

- Încinge uleiul într-o cratiță. Adăugați semințele de muștar și ardei iute verzi. Lăsați-le să stropească timp de 15 secunde.
- Adăugați ingredientele rămase, mai puțin nuca de cocos. Gatiti la foc mic timp de 10 minute.
- Adăugați nuca de cocos. Amesteca bine. Se serveste fierbinte.

Cartofi în sos de roșii

Porti 4

Ingrediente

2 linguri ulei vegetal rafinat

1 linguriță de semințe de chimen

Un praf de asafoetida

½ linguriță turmeric

4 cartofi mari, fierti si taiati cubulete

4 rosii, tocate marunt

1 lingurita praf de chilli

Sarat la gust

1 lingura frunze de coriandru, tocate

Metodă

- Încinge uleiul într-o cratiță. Adăugați semințele de chimen, asafoetida și turmericul. Lăsați-le să stropească timp de 15 secunde.
- Adăugați ingredientele rămase, cu excepția frunzelor de coriandru. Amesteca bine. Gatiti la foc mic timp de 10 minute. Se ornează cu frunze de coriandru. Se serveste fierbinte.

Matar Palak

(Mazăre și spanac)

Porții 4

Ingrediente

400g/14oz spanac, fiert la abur și tocat

2 ardei iute verzi

4-5 linguri ulei vegetal rafinat

1 linguriță de semințe de chimen

1 praf de asafoetida

1 lingurita turmeric

1 ceapa mare, tocata marunt

1 rosie, tocata marunt

1 cartof mare, taiat cubulete

Sarat la gust

200 g/7 oz mazăre verde

Metodă

- Se macină împreună spanacul și ardeiul iute până la o pastă fină. Pus deoparte.
- Încinge uleiul într-o cratiță. Adăugați semințele de chimen, asafoetida și turmericul. Lăsați-le să stropească timp de 15 secunde.
- Adăugați ceapa. Se prăjește la foc mediu până devine translucid.
- Adăugați ingredientele rămase. Amesteca bine. Gatiti la foc mic timp de 7-8 minute, amestecand din cand in cand.
- Adăugați pasta de spanac. Se fierbe timp de 5 minute. Se serveste fierbinte.

Varza Masala

(varza picanta)

Porti 4

Ingrediente

3 linguri ulei vegetal rafinat

1 lingurița de semințe de chimen

¼ lingurița turmeric

1 lingurita pasta de usturoi

1 lingurita pasta de ghimbir

1 ceapa mare, tocata marunt

1 rosie, tocata marunt

½ lingurița pudră de chilli

Sarat la gust

400g/14oz varză, tocată mărunt

Metodă

- Încinge uleiul într-o cratiță. Adăugați semințele de chimen și turmericul. Lăsați-le să stropească timp de 15 secunde. Adăugați pasta de usturoi, pasta de ghimbir și ceapa. Se prăjește la foc mediu timp de 2-3 minute.
- Adăugați roșia, praful de chilli, sarea și varza. Amesteca bine. Acoperiți cu un capac și gătiți la foc mic timp de 10-15 minute. Se serveste fierbinte.

Curry de vinete

Porti 4

Ingrediente

4 ardei iute verzi

2,5 cm/1in rădăcină de ghimbir

50g/1¾oz frunze de coriandru, tocate

3 linguri ulei vegetal rafinat

1 linguriță mung dhal*

1 linguriță urad dhal*

1 linguriță de semințe de chimen

½ linguriță de semințe de muștar

500 g vinete mici, tăiate în bucăți de 5 cm

½ linguriță turmeric

1 lingurita pasta de tamarind

Sarat la gust

250 ml/8 fl oz apă

Metodă

- Măcinați împreună ardeiul verde, ghimbirul și frunzele de coriandru. Pus deoparte.
- Încinge uleiul într-o cratiță. Adăugați mung dhal, urad dhal, semințele de chimen și semințele de muștar. Lăsați-le să stropească timp de 20 de secunde.
- Adăugați ingredientele rămase și pasta de chilli-ghimbir. Amesteca bine. Acoperiți cu un capac și fierbeți timp de 10 minute, amestecând din când în când. Se serveste fierbinte.

Simla Mirch ka Bharta

(Ardei picant)

Porti 4

Ingrediente

3 ardei verzi de marime medie

3 ardei roșii de mărime medie

3 linguri ulei vegetal rafinat

2 cepe mari, tocate mărunt

6 catei de usturoi, tocati marunt

2,5 cm/1in rădăcină de ghimbir, tocat mărunt

½ linguriță pudră de chilli

¼ linguriță turmeric

2 rosii, tocate

1 lingurita sare

1 lingura frunze de coriandru, tocate

Metodă

- Prăjiți ardeii verzi și roșii timp de 5-6 minute. Întoarceți-vă frecvent pentru a vă asigura că sunt uniform pe grătar.
- Curățați pielea carbonizată, îndepărtați tulpinile și semințele și tăiați ardeii în bucăți mici. Pus deoparte.
- Încinge uleiul într-o cratiță. Adăugați ceapa, usturoiul și ghimbirul. Prăjiți-le la foc mediu până ce ceapa se rumenește.
- Adăugați praful de chilli, turmericul, roșiile și sarea. Se caleste amestecul timp de 4-5 minute.
- Adăugați ardeii. Amesteca bine. Acoperiți cu un capac și gătiți la foc mic timp de 30 de minute.
- Ornați legumele cu frunze de coriandru. Se serveste fierbinte.

Curry cu tărtăcuță din sticla rapidă

Porti 4

Ingrediente

1 tărtăcuță de sticlă de mărime medie*, decojite si tocate

1 ceapa mare, tocata marunt

60g/2oz roșii, tocate mărunt

4-5 catei de usturoi, tocati

1 lingura ketchup

1 lingura frunze uscate de schinduf

½ linguriță turmeric

¼ lingurita piper negru proaspat macinat

2 linguri lapte

Sarat la gust

1 lingura frunze de coriandru, tocate

Metodă

- Gatiti toate ingredientele, cu exceptia frunzelor de coriandru, intr-o cratita la foc mediu timp de 20 de minute, amestecand din cand in cand. Acoperiți cu un capac.
- Amestecați bine amestecul. Se ornează cu frunze de coriandru. Se serveste fierbinte.

Kaala Chana Curry

(Curry cu naut negru)

Porti 4

Ingrediente

250 g/9 oz kaala chana*, înmuiat peste noapte

Un praf de bicarbonat de sodiu

Sarat la gust

1 litru/1¾ litri de apă

1 ceapa mica

2,5 cm/1in rădăcină de ghimbir

1 lingura ghee

1 roșie, tăiată cubulețe

½ linguriță turmeric

½ linguriță pudră de chilli

8-10 frunze de curry

1 lingura pasta de tamarind

Metodă

- Se amestecă chana cu bicarbonatul de sodiu, sarea și jumătate din apă. Gatiti intr-o cratita la foc mediu timp de 45 de minute. Se pasează și se pune deoparte.
- Măcinați ceapa și ghimbirul până la o pastă.
- Se încălzește ghee-ul într-o cratiță. Adăugați pasta de ceapă-ghimbir și prăjiți până devine maro.
- Adăugați amestecul de chana și ingredientele rămase. Amesteca bine. Se fierbe timp de 8-10 minute, amestecând din când în când. Se serveste fierbinte.

Kalina

(Amestec de Legume în Lapte)

Porti 4

Ingrediente

750 ml/1¼ litri lapte

2 banane necoapte, curatate si tocate

250 g/9 oz tărtăcuță*, tocat

100 g/3½ oz varză, rasă

2 rosii, tocate

1 ardei verde mare, tocat

1 lingurita pasta de tamarind

1 lingurita coriandru macinat

1 lingurita chimen macinat

2 linguri praf de chilli

2 linguri jaggery*, ras

100 g/3½ oz frunze de coriandru, tocate mărunt

2 linguri khoya*

Sarat la gust

1 lingura frunze de coriandru, tocate marunt

Metodă

- Se incinge laptele intr-o cratita la foc mediu pana incepe sa fiarba. Adăugați banana și tărtăcuța de sticlă. Amesteca bine. Gatiti 5 minute.
- Adăugați ingredientele rămase, cu excepția frunzelor de coriandru. Amesteca bine. Se fierbe timp de 8-10 minute, amestecând des.
- Se ornează kalina cu frunze de coriandru. Se serveste fierbinte.

Conopida Tandoori

Porti 4

Ingrediente

1½ linguriță pudră de chilli

1½ linguriță garam masala

Suc de 2 lămâi

100 g iaurt

Sare neagra dupa gust

1 kg buchețe de conopidă

Metodă

- Amestecați toate ingredientele, mai puțin conopida. Apoi marinați conopida cu acest amestec timp de 4 ore.
- Coaceți într-un cuptor preîncălzit la 200°C (400°F, Gas Mark 6) timp de 5-7 minute. Se serveste fierbinte.

Kaala Chana picant

Porti 4

Ingrediente

500g/1lb 2oz kaala chana*, înmuiat peste noapte

500 ml/16 fl oz apă

Sarat la gust

3 linguri ulei vegetal rafinat

Un praf de asafoetida

½ linguriță de seminţe de muştar

1 linguriță de seminţe de chimen

2 cuişoare

1 cm/½ in scorţişoară

¼ linguriță turmeric

1 lingurita coriandru macinat

1 lingurita chimen macinat

½ linguriță garam masala

1 lingurita pasta de tamarind

1 lingura frunze de coriandru, tocate

Metodă

- Gatiti chana cu apa si sare intr-o cratita la foc mediu timp de 20 de minute. Pus deoparte.
- Încinge uleiul într-o cratiță. Adauga asafoetida si semintele de mustar. Lăsați-le să stropească timp de 15 secunde. Adăugați chana fiartă și ingredientele rămase, cu excepția frunzelor de coriandru. Se fierbe timp de 10-15 minute.
- Ornează kaala chana picant cu frunze de coriandru. Se serveste fierbinte.

Tur Dhal Kofta

(Găluște Roșii Gram împărțite)

Porti 4

Ingrediente

600g/1lb 5oz masoor dhal*, înmuiat peste noapte

3 ardei iute verzi, tocati marunt

3 linguri frunze de coriandru, tocate

60g/2oz nucă de cocos, rasă

3 linguri de semințe de chimen

Un praf de asafoetida

Sarat la gust

Ulei vegetal rafinat pentru prăjire adâncă

Metodă

- Spălați și măcinați dhal-ul grosier. Frământați bine cu ingredientele rămase, cu excepția uleiului, până la un aluat moale. Împărțiți în bile de mărimea unei nuci.
- Încinge uleiul într-o cratiță. Adăugați bilutele și prăjiti-le la foc mic până devin maro auriu. Scurgeți koftas-ul și serviți fierbinți.

Conopida Shahi

(Conopida bogata)

Porti 4

Ingrediente

8 catei de usturoi

2,5 cm/1in rădăcină de ghimbir

½ linguriță turmeric

2 cepe mari, ras

4 linguri de mac

2 linguri ghee

200g/7oz iaurt, batut

5 roșii, tăiate mărunt

200g/7oz mazăre conservată

1 lingurita zahar

2 linguri de smântână proaspătă

Sarat la gust

250 ml/8 fl oz apă

500g/1lb 2oz buchețe de conopidă, prăjite

8 cartofi mici, prajiti

Metodă

- Măcinați împreună usturoiul, ghimbirul, turmericul, ceapa și semințele de mac până la o pastă fină. Pus deoparte.
- Se încălzește 1 lingură ghee într-o cratiță. Adăugați pasta de mac. Se prăjește timp de 5 minute. Adăugați ingredientele rămase, mai puțin conopida și cartofii. Gatiti la foc mic timp de 4 minute.
- Adăugați conopida și cartofii. Se fierbe timp de 15 minute și se servește fierbinte.

Okra Gojju

(compot de bame)

Porti 4

Ingrediente

500g/1lb 2oz okra, feliate

Sarat la gust

2 linguri ulei vegetal rafinat plus extra pentru prăjire adâncă

1 linguriță de semințe de muștar

Un praf de asafoetida

200 g/7 oz iaurt

250 ml/8 fl oz apă

Metodă

- Se amestecă bamele cu sare. Se încălzeşte uleiul într-o cratiță şi se prăjeşte bamele la foc mediu până se rumenesc. Pus deoparte.
- Încinge 2 linguri ulei. Adăugaţi muştarul şi asafoetida. Lăsaţi-le să stropească timp de 15 secunde. Adauga bamele, iaurtul si apa. Amesteca bine. Se serveste fierbinte.

Yam în sos verde

Porti 4

Ingrediente

300 g/10 oz igname*, feliate subțire

1 lingurita praf de chilli

1 linguriță amchoor*

½ lingurita piper negru macinat

Sarat la gust

Ulei vegetal rafinat pentru prăjire adâncă

Pentru sos:

400g/14oz spanac, tocat

100 g/3½ oz tărtăcuță*, ras

Un praf de bicarbonat de sodiu

3 ardei iute verzi

2 linguri faina integrala

Sarat la gust

3 linguri ulei vegetal rafinat

1 cm/½ in rădăcină de ghimbir, tăiată juliană

1 ceapa mica, tocata marunt

Un praf de scortisoara macinata

Un praf de cuişoare măcinate

Metodă

- Se amestecă feliile de igname cu praful de chilli, amchoor, piper şi sare.
- Încinge uleiul într-o cratiţă. Adăugaţi feliile de igname. Prăjiţi-le la foc mediu până devin maro auriu. Scurgeti si puneti deoparte.
- Pentru sos, amestecaţi spanacul, tărtăcuţa de sticlă şi bicarbonatul de sodiu. Abur (vezi tehnici de gătit) amestecul într-un cuptor cu abur la foc mediu timp de 10 minute.
- Măcinaţi acest amestec împreună cu ardei iute verzi, făină şi sare până la o pastă semi-netedă. Pus deoparte.
- Încinge uleiul într-o cratiţă. Adăugaţi ghimbirul şi ceapa. Se prăjeşte la foc mediu până ce ceapa se rumeneşte. Adăugaţi scorţişoara măcinată, cuişoarele măcinate şi amestecul de spanac. Amesteca bine. Gatiti la foc mediu timp de 8-10 minute, amestecand din cand in cand.
- Adăugaţi ignama la acest sos verde. Amesteca bine. Acoperiţi cu un capac şi fierbeţi timp de 4-5 minute. Se serveste fierbinte.

Simla Mirch ki Sabzi

(Piper verde uscat)

Porti 4

Ingrediente

2 linguri ulei vegetal rafinat

2 cepe mari, tocate mărunt

¾ linguriță pastă de ghimbir

¾ lingurita pasta de usturoi

1 lingurita coriandru macinat

¼ linguriță turmeric

½ linguriță garam masala

½ linguriță pudră de chilli

2 rosii, tocate marunt

Sarat la gust

4 ardei verzi mari, tocati

1 lingura frunze de coriandru, tocate marunt

Metodă

- Încinge uleiul într-o cratiță. Adăugați ceapa, pasta de ghimbir și pasta de usturoi. Se prăjește la foc mediu până ce ceapa se rumenește.
- Adăugați toate ingredientele rămase, cu excepția frunzelor de coriandru. Amesteca bine. Se prăjește amestecul la foc mic timp de 10-15 minute.
- Se ornează cu frunze de coriandru. Se serveste fierbinte.

Curry de conopidă

Porti 4

Ingrediente

3 linguri ulei vegetal rafinat

1 linguriță de semințe de chimen

¼ linguriță turmeric

1 lingurita pasta de ghimbir

1 lingurita coriandru macinat

1 lingurita praf de chilli

200 g/7 oz piure de roșii

1 lingurita zahar pudra

Sarat la gust

400 g/14 oz buchețe de conopidă

120 ml/4 fl oz apă

Metodă

- Încinge uleiul într-o cratiță. Adăugați semințele de chimen. Lăsați-le să stropească timp de 15 secunde.
- Adăugați ingredientele rămase, cu excepția apei. Amesteca bine. Adăugați apa. Acoperiți cu un capac și fierbeți timp de 12-15 minute. Se serveste fierbinte

Haaq

(Curry cu spanac)

Porti 4

Ingrediente

1 cm/½ în rădăcină de ghimbir, tăiată juliană

1 linguriță de semințe de fenicul, zdrobite

2 linguri ulei vegetal rafinat

2 ardei iute roșu uscat

¼ lingurita asafoetida

1 ardei iute verde, taiat pe lungime

Sarat la gust

400g/14oz spanac, tocat mărunt

500 ml/16 fl oz apă

Metodă

- Friptură uscată (vezi tehnici de gătit) semințele de ghimbir și fenicul. Pus deoparte.
- Încinge uleiul într-o cratiță. Adăugați ardei iute roșu, asafoetida, ardei iute verde și sare. Prăjiți acest amestec la foc mediu timp de 1 minut.
- Adăugați amestecul de semințe de ghimbir-fenicul. Se prăjește un minut. Adăugați spanacul și apa. Acoperiți cu un capac și fierbeți timp de 8-10 minute. Se serveste fierbinte.

Conopida uscată

Porti 4

Ingrediente

3 linguri ulei vegetal rafinat

1 linguriță de semințe de chimen

¼ linguriță turmeric

2 ardei iute verzi, tocati marunt

1 lingurita pasta de ghimbir

½ linguriță zahăr tos

400 g/14 oz buchețe de conopidă

Sarat la gust

60 ml/2 fl oz apă

10 g/¼ oz frunze de coriandru, tocate

Metodă

- Încinge uleiul într-o cratiță. Adăugați semințele de chimen. Lăsați-le să stropească timp de 15 secunde.
- Adăugați turmeric, ardei iute verde, pasta de ghimbir și zahăr tos. Se prăjește la foc mediu timp de un minut. Adăugați conopida, sarea și apa. Amesteca bine. Acoperiți cu un capac și fierbeți timp de 12-15 minute.
- Se ornează cu frunze de coriandru. Se serveste fierbinte.

Korma de legume

(Mix de legume)

Porti 4

Ingrediente

3 linguri ulei vegetal rafinat

1 cm/½ in scorțișoară

2 cuișoare

2 păstăi de cardamom verde

2 cepe mari, tocate mărunt

¼ linguriță turmeric

½ linguriță pastă de ghimbir

½ linguriță pastă de usturoi

Sarat la gust

300g/10oz amestec de legume congelate

250 ml/8 fl oz apă

1 lingurita de mac

Metodă

- Încinge uleiul într-o cratiță. Adăugați scorțișoara, cuișoarele și cardamomul. Lăsați-le să stropească timp de 30 de secunde.
- Adăugați ceapa, turmericul, pasta de ghimbir, pasta de usturoi și sarea. Se prăjește amestecul la foc mediu timp de 2-3 minute, amestecând continuu.
- Adăugați legumele și apa. Amesteca bine. Acoperiți cu un capac și fierbeți timp de 5-6 minute, amestecând din când în când.
- Adăugați semințele de mac. Amesteca bine. Se fierbe încă 2 minute. Se serveste fierbinte.

Vinete prajite

Porti 4

Ingrediente

500g/1lb 2oz vinete, feliate

4 linguri ulei vegetal rafinat

Pentru marinata:

1 lingurita praf de chilli

½ lingurita piper negru macinat

½ linguriță turmeric

1 linguriță amchoor*

Sarat la gust

1 lingura faina de orez

Metodă

- Amestecați ingredientele pentru marinată. Marinați feliile de vinete cu acest amestec timp de 10 minute.
- Încinge uleiul într-o tigaie. Adăugați feliile de vinete. Prăjiți-le la foc mic timp de 7 minute. Întoarceți feliile și prăjiți din nou timp de 3 minute. Se serveste fierbinte.

Curry de roșii roșii

Porti 4

Ingrediente

1 lingură alune, prăjite uscat (vezi tehnici de gătit)

1 lingură nuci caju, prăjite (vezi tehnici de gătit)

4 rosii, tocate

1 ardei verde mic, tocat

3 linguri ulei vegetal rafinat

1 lingurita pasta de ghimbir

1 lingurita pasta de usturoi

1 ceapa mare, tocata

1½ linguriță garam masala

¼ linguriță turmeric

½ lingurita zahar

Sarat la gust

Metodă

- Amestecați alunele și nucile caju și măcinați-le. Pus deoparte.
- Măcinați împreună roșiile și ardeiul verde. Pus deoparte.
- Încinge uleiul într-o tigaie. Adăugați pasta de ghimbir și pasta de usturoi. Se prăjește la foc mediu timp de un minut. Adăugați ceapa, garam masala, turmericul, zahărul și sarea. Prăjiți amestecul timp de 2-3 minute.
- Adăugați amestecul de alune-caju și amestecul de roșii-ardei. Amesteca bine. Acoperiți cu un capac și fierbeți timp de 15 minute. Se serveste fierbinte.

Aloo Matar Curry

(Curry cu cartofi și mazăre)

Porti 4

Ingrediente

1½ lingură ulei vegetal rafinat

1 linguriță de semințe de chimen

1 ceapa mare, tocata marunt

½ linguriță turmeric

1 lingurita coriandru macinat

1 lingurita chimen macinat

1 lingurita praf de chilli

200 g/7 oz piure de roșii

Sarat la gust

2 cartofi mari, tocați

400g/14oz mazăre

120 ml/4 fl oz apă

Metodă

- Încinge uleiul într-o cratiță. Adăugați semințele de chimen. Lăsați-le să stropească timp de 15 secunde. Adăugați ceapa. Prăjiți-l la foc mediu până devine maro.
- Adăugați ingredientele rămase. Se fierbe timp de 15 minute. Se serveste fierbinte.

Badshahi Baingan

(Vătelită în stil regal)

Porti 4

Ingrediente

8 vinete mici

Sarat la gust

30 g/1 oz ghee

2 cepe mari, feliate

1 lingura nuci caju

1 lingura stafide

1 lingurita pasta de ghimbir

1 lingurita pasta de usturoi

1 lingurita coriandru macinat

1 lingurita garam masala

¼ linguriță turmeric

200 g/7 oz iaurt

1 lingurita frunze de coriandru, tocate

Metodă

- Înjumătățiți vinetele pe lungime. Frecați cu sare și lăsați-le deoparte 10 minute. Stoarceți excesul de umiditate și lăsați din nou deoparte.
- Se încălzește ghee-ul într-o cratiță. Adăugați ceapa, nucile caju și stafidele. Prăjiți-le la foc mediu până devin maro auriu. Scurgeti si puneti deoparte.
- În același ghee, adăugați vinetele și prăjiți-le la foc mediu până sunt fragede. Scurgeti si puneti deoparte.
- Adăugați pasta de ghimbir și pasta de usturoi în aceeași ghee. Se prăjește un minut. Se amestecă ingredientele rămase. Gatiti 7-8 minute la foc mediu.
- Adăugați vinetele. Se fierbe timp de 2 minute. Se ornează cu ceapa prăjită, nuci caju și stafide. Se serveste fierbinte.

Cartofi în Garam Masala

Porti 4

Ingrediente

3 linguri ulei vegetal rafinat

1 ceapa mare, tocata marunt

10 catei de usturoi, tocati marunt

½ linguriță turmeric

1 lingurita garam masala

Sarat la gust

3 cartofi mari, fierti si taiati cubulete

240 ml/6 fl oz apă

Metodă

- Încinge uleiul într-o cratiță. Adăugați ceapa și usturoiul. Se prăjește timp de 2 minute.
- Adăugați ingredientele rămase și amestecați bine. Se serveste fierbinte.

Tamilian Korma

(Legume amestecate în stil tamil)

Porti 4

Ingrediente

4 linguri ulei vegetal rafinat

1 linguriță de semințe de chimen

2 cartofi mari, tocați

2 morcovi mari, tocați

100 g/3½ oz fasole franțuzească, tocată

Sarat la gust

Pentru amestecul de condimente:

100 g/3½ oz nucă de cocos proaspătă, mărunțită

4 ardei iute verzi

100 g/3½ oz frunze de coriandru, tocate

1 lingurita de mac

1 lingurita pasta de ghimbir

1 lingurita turmeric

Metodă

- Măcinați toate ingredientele amestecului de condimente până la o pastă netedă. Pus deoparte.
- Incalzeste uleiul. Adăugați semințele de chimen. Lăsați-le să stropească timp de 15 secunde.
- Adăugați ingredientele rămase și amestecul de condimente măcinat. Gatiti 15 minute la foc mic, amestecand din cand in cand. Se serveste fierbinte.

Vinete uscate cu ceapa si cartofi

Porti 4

Ingrediente

3 linguri ulei vegetal rafinat

1 linguriță de semințe de muștar

300g/10oz vinete, tocate

¼ linguriță turmeric

3 cepe mici, tocate mărunt

2 cartofi mari, fierti si taiati cubulete

1 lingurita praf de chilli

1 linguriță amchoor*

Sarat la gust

Metodă

- Încinge uleiul într-o cratiță. Adăugați semințele de muștar. Lăsați-le să stropească timp de 15 secunde.
- Adăugați vinetele și turmericul. Se prăjește la foc mic timp de 10 minute.
- Adăugați ingredientele rămase. Amesteca bine. Acoperiți cu un capac și fierbeți timp de 10 minute. Se serveste fierbinte.

Koftas Lajawab

(Galuste cu branza in sos)

Porti 4

Ingrediente

3 linguri ulei vegetal rafinat

3 cepe mari, ras

2,5 cm/1in rădăcină de ghimbir, măcinat

3 roșii, în piure

1 lingurita turmeric

Sarat la gust

120 ml/4 fl oz apă

Pentru koftas:

400 g/14 oz brânză Cheddar, piure

250 g/9 oz făină de porumb

½ linguriță piper negru proaspăt măcinat

1 lingurita garam masala

Sarat la gust

Ulei vegetal rafinat pentru prăjire adâncă

Metodă

- Se amestecă toate ingredientele kofta, cu excepția uleiului, împreună. Împărțiți în bile de mărimea unei nuci. Încinge uleiul într-o cratiță. Adăugați koftas. Prăjiți-le la foc mediu până devin maro auriu. Scurgeti si puneti deoparte.
- Încinge 3 linguri de ulei într-o cratiță. Adăugați ceapa și prăjiți până se rumenește.
- Adăugați ingredientele rămase și amestecați bine. Gatiti 8 minute, amestecand din cand in cand. Adăugați koftas în acest sos și serviți fierbinți.

Teekha Baingan Masala

(vinete fierbinți)

Porti 4

Ingrediente

2 linguri ulei vegetal rafinat

3 cepe mari, macinate

10 căței de usturoi, zdrobiți

2,5 cm/1in rădăcină de ghimbir, ras

1 lingurita pasta de tamarind

2 linguri garam masala

Sarat la gust

500g/1lb 2oz vinete mici, tocate

Metodă

- Încinge 2 linguri de ulei într-o cratiță. Adăugați ceapa. Se prăjește la foc mediu timp de 3 minute. Adăugați usturoiul, ghimbirul, tamarindul, garam masala și sarea. Amesteca bine.
- Adăugați vinetele. Amesteca bine. Acoperiți cu un capac și gătiți la foc mic timp de 15 minute, amestecând din când în când. Se serveste fierbinte.

Kofta de legume

(Galuste de legume in sos cremos)

Porti 4

Ingrediente

6 cartofi mari, curatati si tocati

3 morcovi mari, curatati si tocati

Sarat la gust

Făină pentru acoperire

2 linguri ulei vegetal rafinat plus extra pentru prăjire adâncă

3 cepe mari, tăiate mărunt

4 catei de usturoi, tocati marunt

2,5 cm/1in rădăcină de ghimbir, tocat mărunt

4 cuișoare, măcinate

½ linguriță turmeric

2 roșii, piure

1 lingurita praf de chilli

4 linguri smantana dubla

25 g frunze de coriandru, tocate

Metodă

- Fierbeți cartofii și morcovii în apă cu sare timp de 15 minute. Scurgeți și rezervați stocul. Adăugați sare în legume și zdrobiți-le.
- Împărțiți piureul în bile de mărimea unei lămâi. Se unge cu făină și se prăjesc koftas în ulei la foc mediu până se rumenesc. Pus deoparte.
- Încinge 2 linguri de ulei într-o cratiță. Adăugați ceapa, usturoiul, ghimbirul, cățeii și turmeric. Se prăjește la foc mediu timp de 4-5 minute. Adaugati rosiile, pudra de chilli si supa de legume. Se fierbe timp de 4 minute.
- Adăugați koftas. Se ornează cu smântână și frunze de coriandru. Se serveste fierbinte.

Dovleac uscat

Porti 4

Ingrediente

3 linguri ulei vegetal rafinat

1 linguriță de semințe de chimen

¼ linguriță turmeric

¾ lingurita coriandru macinat

Sarat la gust

750g/1lb 10oz dovleac, tocat

60 ml/2 fl oz apă

Metodă

- Încinge uleiul într-o cratiță. Adăugați semințele de chimen și turmericul. Lăsați-le să stropească timp de 15 secunde.
- Adăugați ingredientele rămase. Amesteca bine. Acoperiți cu un capac și fierbeți timp de 15 minute. Se serveste fierbinte.

Legume amestecate cu schinduf

Porti 4

Ingrediente

4-5 linguri ulei vegetal rafinat

1 linguriță de semințe de muștar

½ linguriță de semințe de schinduf

2 cepe mari, tocate mărunt

2 cartofi dulci mari, tăiați cubulețe

4 vinete mici, tăiate cubulețe

2 ardei verzi mari, taiati cubulete

3 cartofi mari, tăiați cubulețe

100 g/3½ oz fasole franțuzească, tocată

½ linguriță turmeric

1 lingurita praf de chilli

2 linguri pasta de tamarind

1 lingura frunze de coriandru, tocate

8-10 frunze de curry

1 lingurita zahar

Sarat la gust

750 ml/1¼ litri de apă

Metodă

- Încinge uleiul într-o cratiță. Adăugați muștarul și semințele de schinduf. Lăsați-le să stropească timp de 15 secunde. Adăugați ceapa. Se prăjește până devine translucid.
- Adăugați ingredientele rămase, cu excepția apei. Amesteca bine. Adăugați apa. Se fierbe timp de 20 de minute. Se serveste fierbinte.

Dum Gobhi

(Conopida fiartă lent)

Porti 4

Ingrediente

2,5 cm/1in rădăcină de ghimbir, tăiată juliană

2 rosii, tocate marunt

¼ linguriță turmeric

1 lingura iaurt

½ linguriță garam masala

Sarat la gust

800 g/1¾ lb buchețe de conopidă

Metodă

- Amestecați toate ingredientele, cu excepția buchetelor de conopidă.
- Puneți buchețelele de conopidă într-o cratiță și turnați acest amestec peste el. Acoperiți cu un capac și fierbeți timp de 20 de minute, amestecând din când în când. Se serveste fierbinte.

Chhole

(Curry cu naut)

Porți 5

Ingrediente

375g/13oz năut, înmuiat peste noapte

1 litru/1¾ litri de apă

Sarat la gust

1 rosie, tocata marunt

3 cepe mici, tocate mărunt

1½ lingurita frunze de coriandru, tocate marunt

2 linguri ulei vegetal rafinat

1 linguriță de semințe de chimen

1 lingurita pasta de ghimbir

1 lingurita pasta de usturoi

2 foi de dafin

1 lingurita zahar

1 lingurita praf de chilli

½ linguriță turmeric

1 lingura ghee

4 ardei iute verzi, tăiați pe lungime

½ linguriță de scorțișoară măcinată

½ linguriță cuișoare măcinată

Suc de 1 lămâie

Metodă

- Se amestecă năutul cu jumătate din apă și sarea. Gătiți acest amestec într-o cratiță la foc mediu timp de 30 de minute. Luați de pe foc și scurgeți năutul.
- Se macină 2 linguri de năut cu jumătate de roșie, o ceapă și jumătate de frunze de coriandru până la o pastă fină. Pus deoparte.
- Încinge uleiul într-o cratiță mare. Adăugați semințele de chimen. Lăsați-le să stropească timp de 15 secunde.
- Adăugați ceapa rămasă, pasta de ghimbir și pasta de usturoi. Prăjiți acest amestec la foc mediu până ce ceapa este maronie.
- Adăugați roșia rămasă împreună cu foile de dafin, zahărul, pudra de ardei iute, turmeric și pasta de năut-roșii. Prăjiți acest amestec la foc mediu timp de 2-3 minute.
- Adăugați năutul rămas cu apa rămasă. Se fierbe timp de 8-10 minute. Pus deoparte.
- Se încălzește ghee-ul într-o cratiță mică. Adăugați ardei iute verzi, scorțișoară măcinată și cuișoare. Lăsați-le să stropească timp de 30 de secunde. Turnați acest amestec peste năut. Amesteca bine. Stropiți peste chhole sucul de lămâie și frunzele de coriandru rămase. Se serveste fierbinte.

Curry de vinete cu ceapa si cartofi

Porti 4

Ingrediente

3 linguri ulei vegetal rafinat

2 cepe mari, tocate mărunt

1 lingurita pasta de ghimbir

1 lingurita pasta de usturoi

1 lingurita coriandru macinat

1 lingurita chimen macinat

1 lingurita praf de chilli

¼ linguriță turmeric

120 ml/4 fl oz apă

Sarat la gust

250 g/9 oz vinete mici

250g/9oz cartofi baby, tăiați la jumătate

50g/1¾oz frunze de coriandru, tocate mărunt

Metodă

- Încinge uleiul într-o cratiță. Adăugați ceapa. Se prăjesc până devin translucide.
- Adăugați ingredientele rămase, cu excepția frunzelor de coriandru. Amesteca bine. Se fierbe timp de 15 minute.
- Se ornează cu frunze de coriandru. Se serveste fierbinte.

Dovleac de sticlă simplă

Porti 4

Ingrediente

½ linguriță ghee

1 linguriță de seminţe de chimen

2 ardei iute verzi, tăiați pe lungime

750g/1lb 10oz sticla de tărtăcuță*, tocat

Sarat la gust

120 ml/4 fl oz lapte

1 lingura nuca de cocos deshidratata

10 g/¼ oz frunze de coriandru, tocate mărunt

Metodă

- Se încălzeşte ghee-ul într-o cratiță. Adăugaţi semințele de chimen şi ardei iute verzi. Lăsaţi-le să stropească timp de 15 secunde.
- Adăugaţi tărtăcuța de sticlă, sare şi lapte. Se fierbe timp de 10-12 minute.
- Adăugaţi ingredientele rămase. Amesteca bine. Se serveste fierbinte.

Curry de legume mixte

Porti 4

Ingrediente

3 linguri ulei vegetal rafinat

1 linguriță de semințe de chimen

1 lingurita coriandru macinat

½ linguriță chimen măcinat

1 lingurita praf de chilli

¼ linguriță turmeric

½ lingurita zahar

1 morcov, tăiat fâșii

1 cartof mare, taiat cubulete

200g/7oz fasole frantuzeasca, tocata

50 g/1¾ oz buchețe de conopidă

Sarat la gust

200 g/7 oz piure de roșii

120 ml/4 fl oz apă

10 g/¼ oz frunze de coriandru, tocate mărunt

Metodă

- Încinge uleiul într-o cratiță. Adăugați semințele de chimen, coriandru măcinat și chimen măcinat. Lăsați-le să stropească timp de 15 secunde.
- Adăugați ingredientele rămase, cu excepția frunzelor de coriandru. Amestecați bine. Se fierbe timp de 15 minute.
- Se ornează curry-ul cu frunze de coriandru. Se serveste fierbinte.

Legume uscate amestecate

Porti 4

Ingrediente

3 linguri ulei vegetal rafinat

1 linguriță de semințe de chimen

1 lingurita coriandru macinat

½ linguriță chimen măcinat

¼ linguriță turmeric

1 morcov, tăiat juliană

1 cartof mare, taiat cubulete

200g/7oz fasole frantuzeasca, tocata

60 g/2 oz buchețe de conopidă

Sarat la gust

120 ml/4 fl oz apă

10 g/¼ oz frunze de coriandru, tocate

Metodă

- Încinge uleiul într-o cratiță. Adăugați semințele de chimen. Lăsați-le să stropească timp de 15 secunde.
- Adăugați ingredientele rămase, cu excepția frunzelor de coriandru. Se amestecă bine și se fierbe timp de 15 minute la foc mic.
- Se ornează cu frunze de coriandru și se servește fierbinte.

Cartofi uscați și mazăre

Porti 4

Ingrediente

3 linguri ulei vegetal rafinat

1 linguriță de semințe de chimen

½ linguriță turmeric

1 lingurita garam masala

2 cartofi mari, fierti si taiati cubulete

400g/14oz mazăre fiartă

Sarat la gust

Metodă

- Încinge uleiul într-o cratiță. Adăugați semințele de chimen și turmericul. Lăsați-le să stropească timp de 15 secunde.
- Adăugați ingredientele rămase. Se prăjește la foc mediu timp de 5 minute. Se serveste fierbinte.

Dhokar Dhalna

(Curry Gram Bengal)

Porti 4

Ingrediente

300 g/10 oz chana dhal*, înmuiat peste noapte

2 linguri ulei de muștar

1 linguriță de semințe de chimen

Sarat la gust

5 cm/2in scorțișoară

4 păstăi de cardamom verde

6 cuișoare

½ linguriță turmeric

½ lingurita zahar

250 ml/8 fl oz apă

3 cartofi mari, tăiați cubulețe și prăjiți

Metodă

- Se macină chana dhal cu suficientă apă pentru a forma o pastă netedă. Pus deoparte.
- Încinge jumătate din ulei într-o cratiță. Adăugați jumătate din semințele de chimen. Lăsați-le să stropească timp de 15 secunde. Adăugați pasta de dhal și sarea. Se prăjește 2-3 minute. Scurgeți și întindeți pe o farfurie mare și lăsați să se întărească. Tăiați în bucăți de 2,5 cm/1 inch. Pus deoparte.
- Prăjiți aceste bucăți de dhal în uleiul rămas până devin maro auriu. Pus deoparte.
- În același ulei, adăugați ingredientele rămase, mai puțin cartofii. Gatiti 2 minute. Adăugați cartofii și bucățile de dhal. Amesteca bine. Gatiti la foc mic timp de 4-5 minute. Se serveste fierbinte.

Cartofi prajiti picante

Porti 4

Ingrediente

250 ml/8 fl oz ulei vegetal rafinat

3 cartofi mari, tăiați în fâșii subțiri

½ linguriță pudră de chilli

1 lingurita piper negru proaspat macinat

Sarat la gust

Metodă

- Încinge uleiul într-o cratiță. Adăugați fâșiile de cartofi. Prăjiți-le la foc mediu până devin maro auriu.
- Scurgeți și amestecați bine cu ingredientele rămase. Se serveste fierbinte.

Dovleac cu gram fiert

Porti 4

Ingrediente

1 lingura ulei vegetal rafinat

1 linguriță de semințe de chimen

½ linguriță turmeric

500g/1lb 2oz dovleac, tocat în bucăți

125 g/4½ oz kaala chana*, gătit

1 lingurita coriandru macinat

1 lingurita chimen macinat

1 lingurita praf de chilli

Sarat la gust

120 ml/4 fl oz apă

10 g/¼ oz frunze de coriandru, tocate mărunt

Metodă

- Încinge uleiul într-o cratiță. Adăugați semințele de chimen și turmericul. Lăsați-le să stropească timp de 15 secunde.
- Adăugați ingredientele rămase, cu excepția apei și a frunzelor de coriandru. Prăjiți amestecul la foc mediu timp de 2-3 minute.
- Adăugați apa. Amesteca bine. Acoperiți cu un capac și fierbeți timp de 15 minute, amestecând din când în când.
- Se ornează cu frunze de coriandru. Se serveste fierbinte.

Dum Aloo

(Cartofi gătiți lent)

Porti 4

Ingrediente

1 lingura ulei vegetal rafinat

500 g/1lb 2oz cartofi pentru bebeluși, fierți și curățați

Sarat la gust

1 lingurita pasta de tamarind

Pentru pasta:

½ linguriță pudră de chilli

¼ linguriță turmeric

¼ lingurita boabe de piper negru

2 linguri de seminte de coriandru

1 cardamom negru

2,5 cm/1in scorțișoară

2 cuișoare

6 catei de usturoi

Metodă

- Măcinați ingredientele pastă împreună. Încinge uleiul într-o tigaie. Adăugați pasta. Se prăjește la foc mediu timp de 10 minute.
- Adăugați ingredientele rămase. Amesteca bine. Gatiti 8 minute. Se serveste fierbinte.

Legume Makkhanwala

(Legume în unt)

Porti 4

Ingrediente

120 ml/4 fl oz cremă unică

½ lingurita faina alba simpla

120 ml/4 fl oz lapte

4 linguri de ketchup

1 lingura de unt

2 cepe mari, tocate mărunt

500g/1lb 2oz amestec de legume congelate

1 lingurita garam masala

½ linguriță pudră de chilli

Sarat la gust

Metodă

- Amestecați smântâna, făina, laptele și ketchup-ul. Pus deoparte.
- Se încălzește untul într-o cratiță. Adăugați ceapa. Prăjiți-le la foc mediu până devin translucide.

- Adăugați legumele, garam masala, pudra de chilli, sarea și amestecul de smântână-făină. Amesteca bine. Se fierbe timp de 10-12 minute. Se serveste fierbinte.

Fasole franțuzească cu Mung Dhal

Porti 4

Ingrediente

1 lingura ulei vegetal rafinat

1 linguriță de semințe de muștar

¼ linguriță turmeric

2 ardei iute verzi, tăiați pe lungime

400 g/14 oz fasole franțuzească, tocată

3 linguri mung dhal*, înmuiat timp de 30 de minute și scurs

Sarat la gust

120 ml/4 fl oz apă

2 linguri frunze de coriandru, tocate

Metodă

- Încinge uleiul într-o cratiță. Adăugați semințele de muștar, turmeric și ardei iute verzi. Lăsați-le să stropească timp de 15 secunde.
- Adăugați ingredientele rămase, cu excepția apei și a frunzelor de coriandru. Amesteca bine. Adăugați apa. Se fierbe timp de 15 minute.
- Adăugați frunzele de coriandru și serviți fierbinți.

Cartofi picant cu sos de iaurt

Porti 4

Ingrediente

1 lingurita besan*, amestecat cu 4 linguri de apă

200 g/7 oz iaurt

750g/1lb 10oz cartofi, fierți și tăiați cubulețe

½ linguriță chaat masala*

½ linguriță de chimion măcinat, prăjit uscat (vezi tehnici de gătit)

½ linguriță pudră de chilli

¼ linguriță turmeric

1 lingura ulei vegetal rafinat

1 lingurita de seminte de susan alb

2 ardei iute roșu uscat, tăiați în patru

Sarat la gust

10 g/¼ oz frunze de coriandru, tocate mărunt

Metodă

- Bateți pasta de besan cu iaurtul. Pus deoparte.
- Se amestecă cartofii cu chaat masala, chimen măcinat, praf de chilli și turmeric. Pus deoparte.
- Încinge uleiul într-o cratiță. Adăugați semințele de susan și bucățile de ardei iute. Lăsați-le să stropească timp de 15 secunde.
- Adăugați cartofii, amestecul de iaurt și sarea. Amesteca bine. Se fierbe timp de 4-5 minute. Se ornează cu frunze de coriandru. Se serveste fierbinte.

Piper verde umplut

Porti 4

Ingrediente

4 linguri ulei vegetal rafinat

1 ceapă mare, măcinată

½ linguriță pastă de ghimbir

½ linguriță pastă de usturoi

1 lingurita garam masala

2 cartofi mari, fierți și piureați

50g/1¾oz mazăre fiartă

1 morcov mic, fiert și tocat

Un praf de asafoetida

Sarat la gust

8 ardei verzi mici, fără miez

Metodă

- Încinge ½ linguriță ulei într-o tigaie. Adăugați ceapa și prăjiți până devine translucid.
- Adăugați ingredientele rămase, cu excepția ardeilor. Amesteca bine. Se prăjește timp de 3-4 minute.
- Introduceți acest amestec în ardei. Pus deoparte.
- Se încălzește uleiul rămas într-o tigaie. Adăugați ardeii umpluți. Prăjiți-le la foc mic timp de 7-10 minute, întorcându-le din când în când. Se serveste fierbinte.

Doi Phulkopi Aloo

(Conopida și cartofi în iaurt în stil bengali)

Porti 4

Ingrediente

300 g/10 oz iaurt

¼ linguriță turmeric

1 lingurita zahar

Sarat la gust

200 g/7 oz buchețe de conopidă

4 cartofi taiati cubulete si usor prajiti

2 linguri ulei de muștar

5 cm/2in scorțișoară

4 păstăi de cardamom verde

6 cuișoare

2 foi de dafin

Metodă

- Se amestecă iaurtul, turmericul, zahărul și sarea. Marinați conopida și cartofii cu acest amestec timp de 20 de minute.
- Încinge uleiul într-o cratiță. Prăjiți ingredientele rămase timp de 1-2 minute.
- Adăugați legumele marinate. Gatiti la foc mic timp de 6-7 minute. Se serveste fierbinte.

Piper verde cu Besan

Porti 4

Ingrediente

4 linguri ulei vegetal rafinat

½ linguriță de semințe de muștar

500g/1lb 2oz ardei verzi, fără miez și tocat

½ linguriță turmeric

½ linguriță coriandru măcinat

½ linguriță chimen măcinat

500g/1lb 2oz besan*, amestecat cu 120 ml/4 fl oz apă

1 lingurita zahar

Sarat la gust

1 lingura frunze de coriandru

Metodă

- Încinge uleiul într-o cratiță. Adăugați semințele de muștar. Lăsați-le să stropească timp de 15 secunde.
- Adauga ardeii verzi, turmericul, coriandru macinat si chimen macinat. Amesteca bine. Acoperiți cu capac și fierbeți timp de 5-7 minute.
- Adăugați bezana, zahărul și sarea. Se amestecă până când fasolea îmbracă ardeii. Se orneaza cu frunze de coriandru. Se serveste fierbinte.

Vinete cu mazare

Porti 4

Ingrediente

2 linguri ulei vegetal rafinat

½ linguriță de semințe de muștar

Un praf de asafoetida

½ linguriță turmeric

2 cepe mari, tocate mărunt

2 rosii, tocate marunt

1 lingurita zahar

Sarat la gust

120 ml/4 fl oz apă

300g/10oz vinete mici, tocate

400 g/14 oz mazăre verde proaspătă

25 g/rar 1 oz frunze de coriandru

Metodă

- Încinge uleiul într-o cratiță. Adăugați semințele de muștar, asafoetida și turmericul. Lăsați-le să stropească timp de 15 secunde.
- Adăugați ceapa. Se prăjesc până devin maro. Se adauga rosiile, zaharul, sarea, apa, vinetele si mazarea. Amesteca bine. Acoperiți cu un capac. Se fierbe timp de 10 minute.
- Se ornează cu frunze de coriandru. Se serveste fierbinte.

Bandakopir Ghonto

(varză în stil bengalez cu mazăre)

Porti 4

Ingrediente

2 linguri ulei de muştar

1 linguriță de seminţe de chimen

4 ardei iute verzi, tocat

½ linguriță turmeric

1 lingurita zahar

150 g/5½ oz varză, feliată fin

400g/14oz mazăre congelată

Sarat la gust

¼ lingurita de scortisoara macinata

¼ linguriță cardamom măcinat

¼ linguriță cuişoare măcinate

Metodă

- Încinge uleiul într-o cratiță. Adăugați semințele de chimen și ardei iute verzi. Lăsați-le să stropească timp de 15 secunde.
- Adăugați turmericul, zahărul, varza, mazărea și sarea. Amesteca bine. Acoperiți cu un capac și gătiți la foc mic timp de 8-10 minute.
- Se ornează cu scorțișoară măcinată, cardamom și cuișoare. Se serveste fierbinte.

Bhaja Mashlar a început

(vinete Masala prăjite)

Porti 4

Ingrediente

4 linguri ulei de muștar

3 ardei iute roșu uscat

¼ linguriță de semințe de schinduf

400 g/14 oz vinete lungi, tăiate cubulețe

2 ardei iute verzi, tocati marunt

200 g iaurt grecesc

1 lingurita zahar

½ linguriță turmeric

1 lingurita de chimion macinat, prajit uscat (vezi tehnici de gătit)

Sarat la gust

Metodă

- Încinge uleiul într-o cratiță. Adăugați ardeiul iute și semințele de schinduf. Lăsați-le să stropească timp de 15 secunde.
- Adăugați vinetele și ardeiul iute verde. Prăjiți-le timp de 4-5 minute.

- Adăugați ingredientele rămase. Amesteca bine. Gatiti la foc mic timp de 7-8 minute. Se serveste fierbinte.

Zunka

(Curry cu făină picant)

Porti 4

Ingrediente

750g/1lb 10oz besan*, prăjită uscată

400 ml/14 fl oz apă

4 linguri ulei vegetal rafinat

½ linguriță de semințe de muștar

½ linguriță de semințe de chimen

½ linguriță turmeric

3-4 ardei iute verzi, tăiați pe lungime

10 căței de usturoi, zdrobiți

3 cepe mici, tocate mărunt

1 lingurita pasta de tamarind

Sarat la gust

Metodă

- Amestecă besanul cu suficientă apă pentru a forma o pastă groasă. Pus deoparte.

- Încinge uleiul într-o cratiță. Adăugați muștarul și semințele de chimen. Lăsați-le să stropească timp de 15 secunde. Adăugați ingredientele rămase. Se prăjește un minut. Adăugați pasta de besan și amestecați continuu la foc mic până se îngroașă. Se serveste fierbinte.

Curry de nap

Porti 4

Ingrediente

3 linguri de mac

3 linguri de seminte de susan

3 linguri de seminte de coriandru

3 linguri nuca de cocos proaspata, rasa

125 g iaurt

120 ml/4 fl oz ulei vegetal rafinat

2 cepe mari, tocate mărunt

1½ linguriță pudră de chilli

1 lingurita pasta de ghimbir

1 lingurita pasta de usturoi

400g/14oz napi, tocați

Sarat la gust

Metodă

- Prăjiți semințele de mac, susan și coriandru și nuca de cocos timp de 1-2 minute. Se macină până la o pastă.

- Bateți această pastă cu iaurtul. Pus deoparte.

- Încinge uleiul într-o cratiță. Adăugați ingredientele rămase. Prăjiți-le la foc mediu timp de 5 minute. Adăugați amestecul de iaurt. Se fierbe timp de 7-8 minute. Se serveste fierbinte.

Chhaner Dhalna

(Paneer în stil bengalez)

Porti 4

Ingrediente

2 linguri ulei de muștar plus extra pentru prăjire adâncă

Panou de 225 g/8 oz*, tăiat cubulețe

2,5 cm/1in scorțișoară

3 păstăi de cardamom verde

4 cuișoare

½ linguriță de semințe de chimen

1 lingurita turmeric

2 cartofi mari, tăiați cubulețe și prăjiți

½ linguriță pudră de chilli

2 linguri de zahar

Sarat la gust

250 ml/8 fl oz apă

2 linguri frunze de coriandru, tocate

Metodă

- Se încălzește uleiul pentru prăjire într-o tigaie. Adăugați paneerul și prăjiți la foc mediu până devine maro auriu. Scurgeti si puneti deoparte.

- Se încălzește uleiul rămas într-o cratiță. Adăugați ingredientele rămase, cu excepția apei și a frunzelor de coriandru. Se prăjește 2-3 minute.

- Adăugați apa. Se fierbe timp de 7-8 minute. Adăugați panoul. Se fierbe încă 5 minute. Se ornează cu frunze de coriandru. Se serveste fierbinte.

Porumb cu nucă de cocos

Porti 4

Ingrediente

2 linguri ghee

600g/1lb 5oz boabe de porumb, fierte

1 lingurita zahar

1 lingurita sare

10 g/¼ oz frunze de coriandru, tocate mărunt

Pentru pasta de cocos:

50g/1¾oz nucă de cocos proaspătă, rasă

3 linguri de mac

1 lingurita seminte de coriandru

2,5 cm/1in rădăcină de ghimbir, tăiată juliană

3 ardei iute verzi

125 g/4½ oz alune

Metodă

- Măcinați grosier toate ingredientele pentru pasta de cocos. Se încălzește ghee-ul într-o tigaie. Se adauga pasta si se prajeste 4-5 minute, amestecand continuu.

- Adăugați porumbul, zahărul și sarea. Gatiti la foc mic timp de 4-5 minute.

- Se ornează cu frunze de coriandru. Se serveste fierbinte.

Piper verde cu cartofi

Porti 4

Ingrediente

2 linguri ulei vegetal rafinat

1 lingurița de semințe de chimen

10 catei de usturoi, tocati marunt

3 cartofi mari, tăiați cubulețe

2 linguri coriandru macinat

1 lingurita chimen macinat

½ lingurița turmeric

½ lingurița amchoor*

½ lingurița garam masala

Sarat la gust

3 ardei verzi mari, taiati julienne

3 linguri frunze de coriandru, tocate

Metodă

- Încinge uleiul într-o cratiță. Adăugați semințele de chimen și usturoiul. Se prăjește timp de 30 de secunde.

- Adăugați ingredientele rămase, cu excepția ardeiului și a frunzelor de coriandru. Se prăjește la foc mediu timp de 5-6 minute.

- Adăugați ardeii. Se prăjește la foc mic încă 5 minute. Se ornează cu frunze de coriandru. Se serveste fierbinte.

Mazăre condimentată cu cartofi

Porti 4

Ingrediente

2 linguri ulei vegetal rafinat

1 lingurita pasta de ghimbir

1 ceapa mare, tocata marunt

2 cartofi mari, tăiați cubulețe

500g/1lb 2oz mazăre conservată

½ linguriță turmeric

Sarat la gust

½ linguriță garam masala

2 roșii mari, tăiate cubulețe

½ linguriță pudră de chilli

1 lingurita zahar

1 lingura frunze de coriandru, tocate

Metodă

- Încinge uleiul într-o cratiță. Adăugați pasta de ghimbir și ceapa. Prăjiți-le până ce ceapa devine translucidă.

- Adăugați ingredientele rămase, cu excepția frunzelor de coriandru. Amesteca bine. Acoperiți cu un capac și gătiți la foc mic timp de 10 minute.

- Se ornează cu frunze de coriandru. Se serveste fierbinte.

Ciuperci sotate

Porti 4

Ingrediente

2 linguri ulei vegetal rafinat

4 ardei iute verzi, tăiați pe lungime

8 catei de usturoi, macinati

100 g/3½ oz ardei verzi, feliați

400g/14oz ciuperci, feliate

Sarat la gust

½ linguriță piper negru măcinat grosier

25 g frunze de coriandru, tocate

Metodă

- Încinge uleiul într-o tigaie. Adăugați ardeiul verde, usturoiul și ardeiul verde. Prăjiți-le la foc mediu timp de 1-2 minute.

- Adăugați ciupercile, sare și piper. Amesteca bine. Se caleste la foc mediu pana se inmoaie. Se ornează cu frunze de coriandru. Se serveste fierbinte.

Ciupercă picantă cu porumb

Porti 4

Ingrediente

2 linguri ulei vegetal rafinat

1 linguriță de semințe de chimen

2 foi de dafin

1 lingurita pasta de ghimbir

2 ardei iute verzi, tocati marunt

1 ceapa mare, tocata marunt

200g/7oz ciuperci, tăiate la jumătate

8-10 bataturi pentru bebelusi, tocate

125 g/4½ oz piure de roșii

½ linguriță turmeric

Sarat la gust

½ linguriță garam masala

½ lingurita zahar

10 g/¼ oz frunze de coriandru, tocate

Metodă

- Încinge uleiul într-o cratiță. Adăugați semințele de chimen și foile de dafin. Lăsați-le să stropească timp de 15 secunde.

- Adăugați pasta de ghimbir, ardei iute și ceapa. Se caleste timp de 1-2 minute.

- Adăugați ingredientele rămase, cu excepția frunzelor de coriandru. Amesteca bine. Acoperiți cu un capac și gătiți la foc mic timp de 10 minute.

- Se ornează cu frunze de coriandru. Se serveste fierbinte.

Conopidă uscată condimentată

Porti 4

Ingrediente

750g/1lb 10oz buchețe de conopidă

Sarat la gust

Un praf de turmeric

4 foi de dafin

750 ml/1¼ litri de apă

2 linguri ulei vegetal rafinat

4 cuișoare

4 păstăi de cardamom verde

1 ceapă mare, tăiată felii

1 lingurita pasta de ghimbir

1 lingurita pasta de usturoi

1 lingurita garam masala

½ linguriță pudră de chilli

¼ lingurita piper negru macinat

10 nuci caju, măcinate

2 linguri iaurt

3 linguri piure de rosii

3 linguri de unt

60 ml/2 fl oz cremă unică

Metodă

- Gatiti conopida cu sarea, turmericul, foile de dafin si apa intr-o cratita la foc mediu timp de 10 minute. Scurgeți și aranjați buchetelele într-un vas rezistent la cuptor. Pus deoparte.

- Încinge uleiul într-o cratiță. Adăugați cuișoarele și cardamomul. Lăsați-le să stropească timp de 15 secunde.

- Adăugați ceapa, pasta de ghimbir și pasta de usturoi. Se prăjește un minut.

- Adăugați garam masala, pudra de ardei iute, ardeiul și nucile caju. Se prăjește timp de 1-2 minute.

- Adăugați iaurtul și piureul de roșii. Amestecați bine. Adăugați untul și smântâna. Se amestecă un minut. Se ia de pe foc.

- Turnați asta peste buchetele de conopidă. Coaceți la 150°C (300°F, marca de gaz 2) într-un cuptor preîncălzit timp de 8-10 minute. Se serveste fierbinte.

Curry cu ciuperci

Porti 4

Ingrediente

3 linguri ulei vegetal rafinat

2 cepe mari, ras

1 lingurita pasta de ghimbir

1 lingurita pasta de usturoi

½ linguriță turmeric

1 lingurita praf de chilli

1 lingurita coriandru macinat

400g/14oz ciuperci, tăiate în sferturi

200g/7oz mazăre

2 rosii, tocate marunt

½ linguriță garam masala

Sarat la gust

20 de nuci caju, măcinate

240 ml/6 fl oz apă

Metodă

- Încinge uleiul într-o cratiță. Adăugați ceapa. Prăjiți-le până devin maro.

- Adăugați pasta de ghimbir, pasta de usturoi, turmeric, praf de ardei iute și coriandru măcinat. Se caleste la foc mediu timp de un minut.

- Adăugați ingredientele rămase. Amesteca bine. Acoperiți cu un capac și fierbeți timp de 8-10 minute. Se serveste fierbinte.

Baingan Bharta

(vinete prăjite)

Porti 4

Ingrediente

1 vinete mare

3 linguri ulei vegetal rafinat

1 ceapa mare, tocata marunt

3 ardei iute verzi, tăiați pe lungime

¼ linguriță turmeric

Sarat la gust

½ linguriță garam masala

1 rosie, tocata marunt

Metodă

- Puneți vinetele peste tot cu o furculiță și o grătar timp de 25 de minute. Odată ce s-a răcit, aruncați pielea prăjită și zdrobiți pulpa. Pus deoparte.

- Încinge uleiul într-o cratiță. Adăugați ceapa și ardeiul iute verde. Se prăjește la foc mediu timp de 2 minute.

- Adăugați turmericul, sarea, garam masala și roșia. Amesteca bine. Se prăjește timp de 5 minute. Adăugați piureul de vinete. Amesteca bine.

- Gatiti la foc mic timp de 8 minute, amestecand din cand in cand. Se serveste fierbinte.

Legume Hyderabadi

Porti 4

Ingrediente

2 linguri ulei vegetal rafinat

½ linguriță de semințe de muștar

1 ceapa mare, tocata marunt

400 g/14 oz legume congelate, amestecate

½ linguriță turmeric

Sarat la gust

Pentru amestecul de condimente:

2,5 cm/1in rădăcină de ghimbir

8 catei de usturoi

2 cuişoare

2,5 cm/1in scorțișoară

1 linguriță semințe de schinduf

3 ardei iute verzi

4 linguri de nucă de cocos proaspătă, rasă

10 nuci caju

Metodă

- Măcinați toate ingredientele amestecului de condimente împreună. Pus deoparte.

- Încinge uleiul într-o cratiță. Adăugați semințele de muștar. Lăsați-le să stropească timp de 15 secunde. Adăugați ceapa și prăjiți până se rumenește.

- Adăugați ingredientele rămase și amestecul de condimente măcinat. Amesteca bine. Gatiti la foc mic timp de 8-10 minute. Se serveste fierbinte.

Kaddu Bhaji*

(Dovleac rosu uscat)

Porti 4

Ingrediente

3 linguri ulei vegetal rafinat

½ linguriță de semințe de chimen

¼ linguriță de semințe de schinduf

600g/1lb 5oz dovleac, feliat subțire

Sarat la gust

½ linguriță chimen măcinat prăjit

½ linguriță pudră de chilli

¼ linguriță turmeric

1 linguriță amchoor*

1 lingurita zahar

Metodă

- Încinge uleiul într-o cratiță. Adăugați chimenul și semințele de schinduf. Lăsați-le să stropească timp de 15 secunde. Adăugați dovleacul și sarea. Amesteca bine. Acoperiți cu un capac și gătiți la foc mediu timp de 8 minute.

- Descoperiți și zdrobiți ușor cu dosul unei linguri. Adăugați ingredientele rămase. Amesteca bine. Gatiti 5 minute. Se serveste fierbinte.

Muthia nu Shak

(Galuste cu schinduf in sos)

Porti 4

Ingrediente

200g/7oz frunze proaspete de schinduf, tocate mărunt

Sarat la gust

125 g/4½ oz făină integrală

125 g/4½ oz besan*

2 ardei iute verzi, tocati marunt

1 lingurita pasta de ghimbir

3 linguri de zahar

Suc de 1 lămâie

½ linguriță garam masala

½ linguriță turmeric

Un praf de bicarbonat de sodiu

3 linguri ulei vegetal rafinat

½ linguriță de semințe de ajowan

½ linguriță de semințe de muștar

Un praf de asafoetida

250 ml/8 fl oz apă

Metodă

- Se amestecă frunzele de schinduf cu sarea. Se lasa deoparte 10 minute. Strângeți umezeala.

- Se amestecă frunzele de schinduf cu făina, besanul, ardeiul verde, pasta de ghimbir, zahărul, zeama de lămâie, garam masala, turmeric și bicarbonatul de sodiu. Se framanta intr-un aluat moale.

- Împărțiți aluatul în 30 de bile de mărimea unei nuci. Aplatizați ușor pentru a forma muthias-urile. Pus deoparte.

- Încinge uleiul într-o cratiță. Adăugați semințele de ajowan, semințele de muștar și asafoetida. Lăsați-le să stropească timp de 15 secunde.

- Adăugați muthiasul și apa.

- Acoperiți cu un capac și fierbeți timp de 10-15 minute. Se serveste fierbinte.

Dovleac Koot

(Dovleac în curry de linte)

Porti 4

Ingrediente

50g/1¾oz nucă de cocos proaspătă, rasă

1 linguriță de semințe de chimen

2 ardei iute roșii

150 g/5½ oz mung dhal*, înmuiat timp de 30 de minute și scurs

2 linguri chana dhal*

Sarat la gust

500 ml/16 fl oz apă

2 linguri ulei vegetal rafinat

250g/9oz dovleac, tăiat cubulețe

¼ linguriță turmeric

Metodă

- Măcinați nuca de cocos, semințele de chimen și ardeiul iute până la o pastă. Pus deoparte.

- Amestecați dhalurile cu sarea și apa. Gătiți acest amestec într-o cratiță la foc mediu timp de 40 de minute. Pus deoparte.

- Încinge uleiul într-o cratiță. Adăugați dovleacul, turmericul, dhalurile fierte și pasta de cocos. Amesteca bine. Se fierbe timp de 10 minute. Se serveste fierbinte.

Rassa

(Conopida si mazare in sos)

Porti 4

Ingrediente

2 linguri ulei vegetal rafinat plus extra pentru prăjire adâncă

250 g/9 oz buchețe de conopidă

2 linguri de nucă de cocos proaspătă, rasă

1 cm/½ in rădăcină de ghimbir, zdrobită

4-5 ardei iute verzi, tăiați pe lungime

2-3 rosii, tocate marunt

400g/14oz mazăre congelată

1 lingurita zahar

Sarat la gust

Metodă

- Se încălzește uleiul pentru prăjire într-o cratiță. Adăugați conopida. Se prăjește la foc mediu până devine maro auriu. Scurgeti si puneti deoparte.
- Măcinați nuca de cocos, ghimbirul, ardeiul iute și roșiile. Încinge 2 linguri de ulei într-o cratiță. Adăugați această pastă și prăjiți timp de 1-2 minute.
- Adăugați conopida și restul ingredientelor. Amesteca bine. Gatiti la foc mic timp de 4-5 minute. Se serveste fierbinte.

Doodhi Manpasand

(Sticlă de tărtăcuță în sos)

Porti 4

Ingrediente

3 linguri ulei vegetal rafinat

3 ardei iute roşu uscat

1 ceapa mare, tocata marunt

500 g/1 lb 2 oz tărtăcuță*, tocat

¼ linguriță turmeric

2 linguri coriandru macinat

1 lingurita chimen macinat

½ linguriță pudră de chilli

½ linguriță garam masala

2,5 cm/1in rădăcină de ghimbir, tocat mărunt

2 rosii, tocate marunt

1 ardei verde, fără miez, fără seminţe şi tocat mărunt

Sarat la gust

2 linguri de frunze de coriandru, tocate mărunt

Metodă

- Încinge uleiul într-o cratiță. Prăjiți ardeiul iute și ceapa timp de 2 minute.
- Adăugați ingredientele rămase, cu excepția frunzelor de coriandru. Amesteca bine. Gatiti la foc mic timp de 5-7 minute. Se ornează cu frunze de coriandru. Se serveste fierbinte.

Chokha de roșii

(compot de roșii)

Porti 4

Ingrediente

6 roșii mari

2 linguri ulei vegetal rafinat

1 ceapa mare, tocata marunt

8 catei de usturoi, tocati marunt

1 ardei iute verde, tocat fin

½ linguriță pudră de chilli

10 g/¼ oz frunze de coriandru, tocate mărunt

Sarat la gust

Metodă

- Roșiile la grătar timp de 10 minute. Curățați și zdrobiți până la o pulpă. Pus deoparte.
- Încinge uleiul într-o cratiță. Adăugați ceapa, usturoiul și ardeiul verde. Se prăjește 2-3 minute. Adăugați ingredientele rămase și pulpa de roșii. Amesteca bine. Acoperiți cu un capac și gătiți timp de 5-6 minute. Se serveste fierbinte.

Baingan Chokha

(compot de vinete)

Porti 4

Ingrediente

1 vinete mare

2 linguri ulei vegetal rafinat

1 ceapa mica, tocata

8 catei de usturoi, tocati marunt

1 ardei iute verde, tocat fin

1 rosie, tocata marunt

60g/2oz boabe de porumb, fierte

10 g/¼ oz frunze de coriandru, tocate mărunt

Sarat la gust

Metodă

- Puneți vinetele peste tot cu o furculiță. Grill timp de 10-15 minute. Curățați și zdrobiți până la o pulpă. Pus deoparte.
- Încinge uleiul într-o cratiță. Adăugați ceapa, usturoiul și ardeiul verde. Prăjiți-le la foc mediu timp de 5 minute.

- Adăugați ingredientele rămase și pulpa de vinete. Amesteca bine. Gatiti 3-4 minute. Se serveste fierbinte.

Curry cu conopidă și mazăre

Porti 4

Ingrediente

3 linguri ulei vegetal rafinat

¼ linguriță turmeric

3 ardei iute verzi, tăiați pe lungime

1 lingurita coriandru macinat

2,5 cm/1in rădăcină de ghimbir, ras

250 g/9 oz buchețe de conopidă

400 g/14 oz mazăre verde proaspătă

60 ml/2 fl oz apă

Sarat la gust

1 lingura frunze de coriandru, tocate marunt

Metodă

- Încinge uleiul într-o cratiță. Adăugați turmericul, ardei iute verde, coriandru măcinat și ghimbir. Se prăjește la foc mediu timp de un minut.
- Adăugați ingredientele rămase, cu excepția frunzelor de coriandru. Se amestecă bine Se fierbe timp de 10 minute.
- Se ornează cu frunze de coriandru. Se serveste fierbinte.

Aloo Methi ki Sabzi

(Curry cu cartofi și schinduf)

Porti 4

Ingrediente

100 g/3½ oz frunze de schinduf, tocate

Sarat la gust

4 linguri ulei vegetal rafinat

1 linguriță de semințe de chimen

5-6 ardei iute verzi

¼ linguriță turmeric

Un praf de asafoetida

6 cartofi mari, fierti si tocati

Metodă

- Se amestecă frunzele de schinduf cu sarea. Se lasa deoparte 10 minute.
- Încinge uleiul într-o cratiță. Adăugați semințele de chimen, ardei iute și turmeric. Lăsați-le să stropească timp de 15 secunde.
- Adăugați ingredientele rămase și frunzele de schinduf. Amesteca bine. Gatiti 8-10 minute la foc mic. Se serveste fierbinte.

Karela dulce-acrișoară

Porti 4

Ingrediente

500g/1lb 2oz tărtăcuțe amare*

Sarat la gust

750 ml/1¼ litri de apă

1 cm/½ in rădăcină de ghimbir

10 catei de usturoi

4 cepe mari, tocate

4 linguri ulei vegetal rafinat

Un praf de asafoetida

½ linguriță turmeric

1 lingurita coriandru macinat

1 lingurita chimen macinat

1 lingurita pasta de tamarind

2 linguri jaggery*, ras

Metodă

- Curățați tărtăcuțele amare. Tăiați-le și puneți-le la înmuiat în apă sărată timp de 1 oră. Clătiți și stoarceți excesul de apă. Se spala si se pune deoparte.
- Măcinați ghimbirul, usturoiul și ceapa până la o pastă. Pus deoparte.
- Încinge uleiul într-o cratiță. Adăugați asafoetida. Lasă-l să stropească timp de 15 secunde. Adăugați pasta de ghimbir-ceapă și ingredientele rămase. Amesteca bine. Se prăjește timp de 3-4 minute. Adăugați tărtăcuțele amare. Amesteca bine. Acoperiți cu un capac și gătiți la foc mic timp de 8-10 minute. Se serveste fierbinte.

Karela Koshimbir

(Trîtăcuță amară zdrobită crocantă)

Porti 4

Ingrediente

500g/1lb 2oz tărtăcuțe amare*, decojite

Sarat la gust

Ulei vegetal rafinat pentru prajit

2 cepe de marime medie, tocate

50g/1¾oz frunze de coriandru, tocate

3 ardei iute verzi, tocati marunt

½ nucă de cocos proaspătă, rasă

1 lingura suc de lamaie

Metodă

- Tăieți tărtăcuțele amare. Frecați sarea pe ele și lăsați deoparte 2-3 ore.
- Încinge uleiul într-o cratiță. Adăugați tărtăcuțele amare și prăjiți la foc mediu până când se rumenesc și devin crocante. Scurgeți, răciți puțin și zdrobiți cu degetele.
- Se amestecă ingredientele rămase într-un bol. Adăugați tărtăcuțele și serviți cât sunt încă calde.

Karela Curry

(Curry cu tărtăcuță amară)

Porti 4

Ingrediente

½ nucă de cocos

2 ardei iute roșii

1 linguriță de semințe de chimen

3 linguri ulei vegetal rafinat

1 praf de asafoetida

2 cepe mari, tocate mărunt

2 ardei iute verzi, tocati marunt

Sarat la gust

½ linguriță turmeric

500g/1lb 2oz tărtăcuțe amare*, decojite si tocate

2 rosii, tocate marunt

Metodă

- Răzi jumătate din nuca de cocos și toacă restul. Pus deoparte.
- Friptură uscată (vezi tehnici de gătit) nuca de cocos rasa, ardei iute si seminte de chimen. Răciți și măcinați împreună până la o pastă fină. Pus deoparte.
- Încinge uleiul într-o tigaie. Adauga asafoetida, ceapa, ardei iute verde, sare, turmeric si nuca de cocos tocata. Se prăjește timp de 3 minute, amestecând des.
- Adăugați tărtăcuțele amare și roșiile. Gatiti 3-4 minute.
- Adăugați pasta de nucă de cocos măcinată. Gatiti 5-7 minute si serviti fierbinti.

Chilli Conopida

Porti 4

Ingrediente

3 linguri ulei vegetal rafinat

5 cm/2in rădăcină de ghimbir, tocat mărunt

12 catei de usturoi, tocati marunt

1 conopida, tocata in buchetele

5 ardei iute roșii, tăiați în sferturi și fără semințe

6 cepe de primăvară, tăiate la jumătate

3 roșii, albite și tocate

Sarat la gust

Metodă

- Încinge uleiul într-o cratiță. Adăugați ghimbirul și usturoiul. Se prăjește la foc mediu timp de un minut.
- Adăugați conopida și ardeiul iute roșu. Se prăjește timp de 5 minute.
- Adăugați ingredientele rămase. Amesteca bine. Gatiti la foc mic timp de 7-8 minute. Se serveste fierbinte.

Curry cu nuci

Porti 4

Ingrediente

4 linguri ghee

10 g/¼ oz nuci caju

10 g migdale, albite

10-12 alune

5-6 stafide

10 fistic

10 nuci, tocate

2,5 cm/1in rădăcină de ghimbir, ras

6 catei de usturoi, macinati

4 cepe mici, tocate mărunt

4 rosii, tocate marunt

4 curmale, desămânțate și feliate

½ linguriță turmeric

125 g/4½ oz khoya*

1 lingurita garam masala

Sarat la gust

75 g/2½ brânză Cheddar, rasă

1 lingura frunze de coriandru, tocate

Metodă

- Se încălzește ghee-ul într-o tigaie. Adăugați toate nucile și prăjiți-le la foc mediu până devin maro auriu. Scurgeti si puneti deoparte.
- În același ghee, prăjiți ghimbirul, usturoiul și ceapa până se rumenesc.
- Adăugați nucile prăjite și toate ingredientele rămase, mai puțin brânza și frunzele de coriandru. Acoperiți cu un capac. Gatiti la foc mic timp de 5 minute.
- Se ornează cu brânză și frunze de coriandru. Se serveste fierbinte.

Daikon pleacă de la Bhaaji

Porti 4

Ingrediente

2 linguri ulei vegetal rafinat

¼ linguriță de chimen măcinat

2 ardei iute roșii, rupte bucăți

Un praf de asafoetida

400 g/14 oz frunze de daikon*, tocat

300 g/10 oz chana dhal*, înmuiat timp de 1 oră

1 linguriță jaggery*, ras

¼ linguriță turmeric

Sarat la gust

Metodă

- Încinge uleiul într-o cratiță. Adăugați chimenul, ardeiul iute și asafoetida.
- Lăsați-le să stropească timp de 15 secunde. Adăugați ingredientele rămase. Amesteca bine. Gatiti la foc mic timp de 10-15 minute. Se serveste fierbinte.

Chhole Aloo

(Curry cu năut și cartofi)

Porti 4

Ingrediente

500g/1lb 2oz năut, înmuiat peste noapte

Un praf de bicarbonat de sodiu

Sarat la gust

1 litru/1¾ litri de apă

3 linguri ghee

2,5 cm/1in rădăcină de ghimbir, tăiată juliană

2 cepe mari, ras, plus 1 ceapa mica, feliata

2 roșii, tăiate cubulețe

1 lingurita garam masala

1 lingurita de chimion macinat, prajit uscat (vezi tehnici de gătit)

½ linguriță cardamom verde măcinat

½ linguriță turmeric

2 cartofi mari, fierti si taiati cubulete

2 linguri pasta de tamarind

1 lingura frunze de coriandru, tocate

Metodă

- Fierbeți năutul cu bicarbonatul de sodiu, sare și apă într-o cratiță la foc mediu timp de 45 de minute. Scurgeti si puneti deoparte.
- Se încălzește ghee-ul într-o cratiță. Adăugați ghimbirul și ceapa rasă. Se prăjește până devine translucid. Adăugați ingredientele rămase, mai puțin frunzele de coriandru și ceapa tăiată felii. Amesteca bine. Adăugați năutul și gătiți timp de 7-8 minute.
- Se orneaza cu frunze de coriandru si ceapa taiata felii. Se serveste fierbinte.

Curry de arahide

Porti 4

Ingrediente

1 lingurita de mac

1 lingurita seminte de coriandru

1 linguriță de semințe de chimen

2 ardei iute roșii

25 g/nucă de cocos proaspătă, rasă

3 linguri ghee

2 cepe mici, ras

900 g/2 lb alune, măruntite

1 linguriță amchoor*

½ linguriță turmeric

1 roșie mare, albită și tocată

2 linguri jaggery*, ras

500 ml/16 fl oz apă

Sarat la gust

15 g/½ oz frunze de coriandru, tocate

Metodă

- Măcinați semințele de mac, semințele de coriandru, semințele de chimen, ardeiul iute și nuca de cocos până la o pastă fină. Pus deoparte.
- Se încălzește ghee-ul într-o cratiță. Adăugați ceapa. Se prăjește până devine translucid.
- Adauga pasta macinata si ingredientele ramase, cu exceptia frunzelor de coriandru. Amesteca bine. Se fierbe timp de 7-8 minute.
- Se ornează cu frunze de coriandru. Se serveste fierbinte.

Fasole franceză Upkari

(Fasole cu nucă de cocos)

Porti 4

Ingrediente

1 lingura ulei vegetal rafinat

½ linguriță de semințe de muștar

½ linguriță urad dhal*

2-3 ardei iute roșii, rupte

500g/1lb 2oz fasole frantuzească, tocată

1 linguriță jaggery*, ras

Sarat la gust

25 g/nucă de cocos proaspătă, rasă

Metodă

- Încinge uleiul într-o cratiță. Adăugați semințele de muștar. Lăsați-le să stropească timp de 15 secunde.
- Adăugați dhal. Se prăjește până devine maro auriu. Adăugați ingredientele rămase, mai puțin nuca de cocos. Amesteca bine. Gatiti la foc mic timp de 8-10 minute.
- Se orneaza cu nuca de cocos. Se serveste fierbinte.

Karatey Ambadey

(Trăviță amară și curry de mango necopt)

Porti 4

Ingrediente

250 g/9 oz tărtăcuță amară*, feliat

Sarat la gust

60g/2oz jaggery*, ras

1 lingurita ulei vegetal rafinat

4 ardei iute roșu uscat

1 linguriță urad dhal*

1 linguriță semințe de schinduf

2 linguri de seminte de coriandru

50g/1¾oz nucă de cocos proaspătă, rasă

¼ linguriță turmeric

4 mango mici necoapte

Metodă

- Frecați bucățile de tărtăcuță amară cu sare. Dați deoparte o oră.
- Stoarceți apa din bucățile de tărtăcuță. Gătiți-le într-o cratiță cu jaggery la foc mediu timp de 4-5 minute. Pus deoparte.
- Încinge uleiul într-o cratiță. Adăugați ardei iute roșu, dhal, schinduf și semințele de coriandru. Se prăjește un minut. Adăugați tărtăcuța amară și ingredientele rămase. Amesteca bine. Gatiti la foc mic timp de 4-5 minute. Se serveste fierbinte.

Kadhai Paneer

(Paneer picant)

Porti 4

Ingrediente

2 linguri ulei vegetal rafinat

1 ceapă mare, tăiată felii

3 ardei verzi mari, tocati marunt

Panoul de 500 g/1 lb 2 oz*, tăiate în bucăți de 2,5 cm/1 in

1 rosie, tocata marunt

¼ lingurita coriandru macinat, prajit uscat (vezi tehnici de gătit)

Sarat la gust

10 g/¼ oz frunze de coriandru, tocate

Metodă

- Încinge uleiul într-o cratiță. Adăugați ceapa și ardeii. Se prăjește la foc mediu timp de 2-3 minute.
- Adăugați ingredientele rămase, cu excepția frunzelor de coriandru. Amesteca bine. Gatiti la foc mic timp de 5 minute. Se ornează cu frunze de coriandru. Se serveste fierbinte.

Kathirikkai Vangi

(Curry de vinete din sudul Indiei)

Porti 4

Ingrediente

150 g/5½ oz masoor dhal*

Sarat la gust

¼ linguriță turmeric

500 ml/16 fl oz apă

250g/9oz vinete subțiri, feliate

1 lingurita ulei vegetal rafinat

¼ linguriță de semințe de muștar

1 lingurita pasta de tamarind

8-10 frunze de curry

1 linguriță pudră de sambhar*

Metodă

- Se amestecă masoor dhal cu sare, un praf de turmeric și jumătate din apă. Gatiti intr-o cratita la foc mediu timp de 40 de minute. Pus deoparte.
- Gatiti vinetele cu sare si turmericul ramas si apa intr-o alta cratita la foc mediu timp de 20 de minute. Pus deoparte.
- Încinge uleiul într-o cratiță. Adăugați semințele de muștar. Lăsați-le să stropească timp de 15 secunde. Adăugați ingredientele rămase, dhal-ul și vinetele. Amesteca bine. Se fierbe timp de 6-7 minute. Se serveste fierbinte.

Pitla

(Curry cu făină picant)

Porti 4

Ingrediente

250g/9oz besan*

500 ml/16 fl oz apă

2 linguri ulei vegetal rafinat

¼ linguriță de semințe de muștar

2 cepe mari, tocate mărunt

6 catei de usturoi, macinati

2 linguri pasta de tamarind

1 lingurita garam masala

Sarat la gust

1 lingura frunze de coriandru, tocate

Metodă

- Amestecă besanul și apa. Pus deoparte.
- Încinge uleiul într-o cratiță. Adăugați semințele de muștar. Lăsați-le să stropească timp de 15 secunde. Adăugați ceapa și usturoiul. Se prăjește până când ceapa este maronie.
- Adăugați pasta de besan. Gatiti la foc mic pana incepe sa fiarba.
- Adăugați ingredientele rămase. Se fierbe timp de 5 minute. Se serveste fierbinte.

Masala de conopida

Porti 4

Ingrediente

1 conopidă mare, prefiertă (vezi tehnici de gătit) în apă cu sare

3 linguri ulei vegetal rafinat

2 linguri frunze de coriandru, tocate mărunt

1 lingurita coriandru macinat

½ linguriță chimen măcinat

¼ linguriță de ghimbir măcinat

Sarat la gust

120 ml/4 fl oz apă

Pentru sos:

200 g/7 oz iaurt

1 lingura de besan*, prăjit uscat (vezi tehnici de gătit)

¾ lingurita chilli pudra

Metodă

- Scurgeți conopida și tăiați buchețele.
- Încinge 2 linguri de ulei într-o tigaie. Adăugați conopida și prăjiți-o la foc mediu până se rumenește. Pus deoparte.
- Se amestecă toate ingredientele pentru sos.
- Se încălzește 1 lingură de ulei într-o cratiță și se adaugă acest amestec. Se prăjește un minut.
- Acoperiți cu un capac și fierbeți timp de 8-10 minute.
- Adăugați conopida. Amesteca bine. Se fierbe timp de 5 minute.
- Se ornează cu frunze de coriandru. Se serveste fierbinte.

Shukna Kacha Pepe

(Curry cu papaya verde)

Porti 4

Ingrediente

150 g/5½ oz chana dhal*, înmuiat peste noapte, scurs și măcinat până la o pastă

3 linguri ulei vegetal rafinat plus pentru prăjire adâncă

2 ardei iute roșu uscat întreg

½ linguriță de semințe de schinduf

½ linguriță de semințe de muștar

1 papaya necoaptă, decojită și rasă

1 lingurita turmeric

1 lingura zahar

Sarat la gust

Metodă

- Împărțiți pasta dhal în bile de mărimea unei nuci. Aplatizați în discuri subțiri.
- Se încălzește uleiul pentru prăjire într-o tigaie. Adăugați discurile. Se prăjește la foc mediu până devine maro auriu. Scurgeți și rupeți în bucăți mici. Pus deoparte.
- Se încălzește uleiul rămas într-o cratiță. Adăugați ardeiul iute, schinduful și semințele de muștar. Lăsați-le să stropească timp de 15 secunde.
- Adăugați ingredientele rămase. Amesteca bine. Acoperiți cu un capac și gătiți la foc mic timp de 8-10 minute. Adăugați bucățile de dhal. Se amestecă bine și se servește.

Bame uscate

Porti 4

Ingrediente

3 linguri ulei de muştar

½ linguriță de semințe de kalonji*

750g/1lb 10oz okra, tăiat pe lungime

Sarat la gust

½ linguriță pudră de chilli

½ linguriță turmeric

2 linguri de zahar

3 linguri muştar măcinat

1 lingura pasta de tamarind

Metodă

- Încinge uleiul într-o cratiță. Prăjiți semințele de ceapă şi bame timp de 5 minute.
- Adăugați sarea, praful de chilli, turmericul şi zahărul. Acoperiți cu un capac. Gatiti la foc mic timp de 10 minute.
- Adăugați ingredientele rămase. Amesteca bine. Gatiti 2-3 minute. Se serveste fierbinte.

Conopida Moghlai

Porti 4

Ingrediente

5 cm/2in rădăcină de ghimbir

2 linguri de semințe de chimen

6-7 boabe de piper negru

500 g/1 lb 2 oz buchețe de conopidă

Sarat la gust

2 linguri ghee

2 foi de dafin

200 g/7 oz iaurt

500 ml/16 fl oz lapte de cocos

1 lingurita zahar

Metodă

- Măcinați ghimbirul, semințele de chimen și boabele de piper până la o pastă fină.
- Marinați buchetele de conopidă cu această pastă și sare timp de 20 de minute.
- Se încălzește ghee-ul într-o tigaie. Adăugați buchețelele. Se prăjește până devine maro auriu. Adăugați ingredientele rămase. Amesteca bine. Acoperiți cu un

capac și fierbeți timp de 7-8 minute. Se serveste fierbinte.

Bhapa Shorshe Baingan

(vinete in sos de mustar)

Porti 4

Ingrediente

2 vinete lungi

Sarat la gust

¼ linguriță turmeric

3 linguri ulei vegetal rafinat

3 linguri ulei de muștar

2-3 linguri muștar gata preparat

1 lingura frunze de coriandru, tocate marunt

1-2 ardei iute verzi, tocati marunt

Metodă

- Taiati fiecare vinete pe lungime in 8-12 bucati. Marinați cu sare și turmeric timp de 5 minute.
- Încinge uleiul într-o cratiță. Adaugati feliile de vinete si acoperiti cu un capac. Gătiți la foc mediu timp de 3-4 minute, întorcându-le din când în când.
- Se bate uleiul de muștar cu muștarul gata preparat și se adaugă la vinete. Amesteca bine. Gatiti la foc mediu timp de un minut.
- Se ornează cu frunze de coriandru și ardei iute verzi. Se serveste fierbinte.

Legume coapte în sos picant

Porti 4

Ingrediente

2 linguri de unt

4 catei de usturoi, tocati marunt

1 ceapa mare, tocata marunt

1 lingura de faina alba simpla

200 g/7 oz legume mixte congelate

Sarat la gust

1 lingurita praf de chilli

1 lingurita pasta de mustar

250 ml/8 fl oz ketchup

4 cartofi mari, fierti si feliati

250 ml/8 fl oz sos alb

4 linguri de brânză Cheddar rasă

Metodă

- Se încălzeşte untul într-o cratiţă. Adăugaţi usturoiul şi ceapa. Se prăjeşte până devine translucid. Adăugaţi făina şi prăjiţi timp de un minut.
- Adăugaţi legumele, sarea, pudra de chilli, pasta de muştar şi ketchup-ul. Gatiti la foc mediu timp de 4-5 minute. Pus deoparte.
- Ungeţi o tavă de copt. Aranjaţi amestecul de legume şi cartofii în straturi alternative. Se toarnă deasupra sosul alb şi brânza.
- Coaceţi în cuptor la 200°C (400°F, marca de gaz 6) timp de 20 de minute. Se serveste fierbinte.

Tofu gustos

Porti 4

Ingrediente

2 linguri ulei vegetal rafinat

3 cepe mici, ras

1 lingurita pasta de ghimbir

1 lingurita pasta de usturoi

3 roșii, în piure

50g/1¾oz iaurt grecesc, batut

400 g/14 oz tofu, tocat în bucăți de 2,5 cm/1 inch

25 g frunze de coriandru, tocate mărunt

Sarat la gust

Metodă

- Încinge uleiul într-o cratiță. Adăugați ceapa, pasta de ghimbir și pasta de usturoi. Se prăjește timp de 5 minute la foc mediu.
- Adăugați ingredientele rămase. Amesteca bine. Se fierbe timp de 3-4 minute. Se serveste fierbinte.

Aloo Baingan

(Curry cu cartofi și vinete)

Porti 4

Ingrediente

3 linguri ulei vegetal rafinat

1 linguriță de semințe de muștar

½ linguriță asafoetida

1 cm/½ in rădăcină de ghimbir, tocat mărunt

4 ardei iute verzi, tăiați pe lungime

10 catei de usturoi, tocati marunt

6 frunze de curry

½ linguriță turmeric

3 cartofi mari, fierti si taiati cubulete

250 g vinete, tocate

½ linguriță amchoor*

Sarat la gust

Metodă

- Încinge uleiul într-o cratiță. Adăugați semințele de muștar și asafoetida. Lăsați-le să stropească timp de 15 secunde.
- Adăugați ghimbirul, ardeiul iute verde, usturoiul și frunzele de curry. Se prăjește timp de 1 minut, amestecând continuu.
- Adăugați ingredientele rămase. Amesteca bine. Acoperiți cu un capac și fierbeți timp de 10-12 minute. Se serveste fierbinte.

Curry de mazăre cu zahăr

Porti 4

Ingrediente

500 g/1lb 2oz mazăre snap

2 linguri ulei vegetal rafinat

1 lingurita pasta de ghimbir

1 ceapa mare, tocata marunt

2 cartofi mari, curatati si taiati cubulete

½ linguriță turmeric

½ linguriță garam masala

½ linguriță pudră de chilli

1 lingurita zahar

2 roșii mari, tăiate cubulețe

Sarat la gust

Metodă

- Curățați sforile de pe marginile păstăilor de mazăre. Tăiați păstăile. Pus deoparte.
- Încinge uleiul într-o cratiță. Adăugați pasta de ghimbir și ceapa. Se prăjește până devine translucid. Adăugați ingredientele rămase și păstăile. Amesteca bine.

Acoperiți cu un capac și gătiți la foc mic timp de 7-8 minute. Se serveste fierbinte.

Cartofi Dovleac Curry

Porti 4

Ingrediente

2 linguri ulei vegetal rafinat

1 lingurita panch phoron*

Un praf de asafoetida

1 ardei iute roșu uscat, rupt în bucăți

1 frunză de dafin

4 cartofi mari, tăiați cubulețe

200g/7oz dovleac, tăiat cubulețe

½ linguriță pastă de ghimbir

½ linguriță pastă de usturoi

1 lingurita chimen macinat

1 lingurita coriandru macinat

¼ linguriță turmeric

½ linguriță garam masala

1 linguriță amchoor*

500 ml/16 fl oz apă

Sarat la gust

Metodă

- Încinge uleiul într-o cratiță. Adăugați panch phoronul. Lăsați-le să stropească timp de 15 secunde.
- Adauga asafoetida, bucatele de ardei iute si frunza de dafin. Se prăjește un minut.
- Adăugați ingredientele rămase. Amesteca bine. Se fierbe timp de 10-12 minute. Se serveste fierbinte.

Thoran de ou

(Ou omletă picant)

Porti 4

Ingrediente

60 ml/2 fl oz ulei vegetal rafinat

¼ linguriță de semințe de muștar

2 cepe, tocate mărunt

1 rosie mare, tocata marunt

1 lingurita piper negru proaspat macinat

Sarat la gust

4 oua, batute

25 g/nucă de cocos proaspătă, rasă

50g/1¾oz frunze de coriandru, tocate

Metodă

- Se incinge uleiul intr-o cratita si se prajesc semintele de mustar. Lăsați-le să stropească timp de 15 secunde. Adăugați ceapa și prăjiți până se rumenește. Adăugați roșia, piperul și sarea. Se prăjește 2-3 minute.
- Adăugați ouăle. Gatiti la foc mic, amestecand continuu.
- Se ornează cu nucă de cocos și frunze de coriandru. Se serveste fierbinte.

Baingan Lajawab

(vinete cu conopida)

Porti 4

Ingrediente

4 vinete mari

2 linguri ulei vegetal rafinat plus extra pentru prăjire adâncă

1 linguriță de semințe de chimen

½ linguriță turmeric

2,5 cm/1in rădăcină de ghimbir, măcinat

2 ardei iute verzi, tocati marunt

1 linguriță amchoor*

Sarat la gust

100 g/3½ oz mazăre congelată

Metodă

- Tăiați fiecare vinete pe lungime și scoateți carnea.
- Incalzeste uleiul. Adăugați cojile de vinete. Se prăjește timp de 2 minute. Pus deoparte.
- Încinge 2 linguri de ulei într-o cratiță. Adăugați semințele de chimen și turmericul. Lăsați-le să stropească timp de 15 secunde. Adăugați ingredientele rămase și pulpa de vinete. Se pasează ușor și se fierbe la foc mic timp de 5 minute.
- Umpleți cu grijă cojile de vinete cu acest amestec. Grill timp de 3-4 minute. Se serveste fierbinte.

Veggie Bahar

(Legume în sos de nuci)

Porti 4

Ingrediente

3 linguri ulei vegetal rafinat

1 ceapa mare, tocata marunt

2 rosii mari, tocate marunt

1 lingurita pasta de ghimbir

1 lingurita pasta de usturoi

20 de nuci caju, măcinate

2 linguri nuci, macinate

2 linguri de mac

200 g/7 oz iaurt

100 g/3½ oz legume amestecate congelate

1 lingurita garam masala

Sarat la gust

Metodă

- Încinge uleiul într-o cratiță. Adăugați ceapa. Se prăjește la foc mediu până se rumenește. Adăugați roșiile, pasta de ghimbir, pasta de usturoi, nucile caju, nucile și semințele de mac. Se prăjește timp de 3-4 minute.
- Adăugați ingredientele rămase. Gatiti 7-8 minute. Se serveste fierbinte.

Legume umplute

Porti 4

Ingrediente

4 cartofi mici

100 g de bame

4 vinete mici

4 linguri ulei vegetal rafinat

½ linguriță de semințe de muștar

Un praf de asafoetida

Pentru umplutura:

250g/9oz besan*

1 lingurita coriandru macinat

1 lingurita chimen macinat

½ linguriță turmeric

1 lingurita praf de chilli

1 lingurita garam masala

Sarat la gust

Metodă

- Se amestecă toate ingredientele de umplutură. Pus deoparte.
- Tăiați cartofii, bamele și vinetele. Umpleți cu umplutura. Pus deoparte.
- Încinge uleiul într-o cratiță. Adăugați semințele de muștar și asafoetida. Lăsați-le să stropească timp de 15 secunde. Adăugați legumele umplute. Acoperiți cu un capac și gătiți la foc mic timp de 8-10 minute. Se serveste fierbinte.

Singhi Aloo

(Tobe cu cartofi)

Porti 4

Ingrediente

5 linguri ulei vegetal rafinat

3 cepe mici, tocate mărunt

3 ardei iute verzi, tocati marunt

2 rosii mari, tocate marunt

2 linguri coriandru macinat

Sarat la gust

5 bețișoare indiene*, tăiate în bucăți de 7,5 cm/3in

2 cartofi mari, tocați

360 ml/12 fl oz apă

Metodă

- Încinge uleiul într-o cratiță. Adăugați ceapa și ardeiul iute. Prăjiți-le la foc mic timp de un minut.
- Adăugați roșiile, coriandru măcinat și sare. Se prăjește 2-3 minute.
- Adăugați bețișoarele, cartofii și apa. Amesteca bine. Se fierbe timp de 10-12 minute. Se serveste fierbinte.

Sindhi Curry

Porti 4

Ingrediente

150 g/5½ oz masoor dhal*

Sarat la gust

1 litru/1¾ litri de apă

4 rosii, tocate marunt

5 linguri ulei vegetal rafinat

½ linguriță de semințe de chimen

¼ linguriță de semințe de schinduf

8 frunze de curry

3 ardei iute verzi, tăiați pe lungime

¼ lingurita asafoetida

4 linguri fasole*

½ linguriță pudră de chilli

½ linguriță turmeric

8 bame, despicate pe lungime

10 fasole frantuzeasca, taiata cubulete

6-7 kokum*

1 morcov mare, tăiat juliană

1 cartof mare, taiat cubulete

Metodă

- Amestecați dhal-ul cu sarea și apa. Gătiți acest amestec într-o cratiță la foc mediu timp de 45 de minute, amestecând din când în când.
- Adăugați roșiile și fierbeți timp de 7-8 minute. Pus deoparte.
- Încinge uleiul într-o cratiță. Adăugați semințele de chimen și schinduf, frunze de curry, ardei iute și asafoetida. Lăsați-le să stropească timp de 30 de secunde.
- Adăugați besanul. Se prăjește un minut, amestecând constant.
- Adăugați ingredientele rămase și amestecul de dhal. Amestecați bine. Se fierbe timp de 10 minute. Se serveste fierbinte.

Gulnar Kofta

(Bile Paneer în spanac)

Porti 4

Ingrediente

150 g/5½ oz amestec de fructe uscate

200 g/7 oz khoya*

4 cartofi mari, fierți și piureați

Panoul de 150 g/5½ oz*, sfărâmat

100 g/3½ oz brânză Cheddar

2 linguri faina de porumb

Ulei vegetal rafinat pentru prăjire adâncă

2 linguri de unt

100 g/3½ oz spanac, tocat mărunt

1 lingurita smantana simpla

Sarat la gust

Pentru amestecul de condimente:

2 cuișoare

1 cm/½ in scorțișoară

3 boabe de piper negru

Metodă

- Se amestecă fructele uscate cu khoya. Pus deoparte.
- Se macină împreună toate ingredientele amestecului de condimente. Pus deoparte.
- Amestecați cartofii, paneerul, brânza și făina de porumb într-un aluat. Împărțiți aluatul în bile de mărimea unei nuci și aplatizați în discuri. Puneți o porțiune din amestecul uscat de fructe-khoya pe fiecare disc și sigilați ca o pungă.
- Se netezește în bile de mărimea unei nuci pentru a face koftas. Pus deoparte.
- Încinge uleiul într-o tigaie. Adăugați koftas și prăjiți-le la foc mediu până devin maro auriu. Scurgeți și puneți deoparte într-un vas de servire.
- Se încălzește untul într-o cratiță. Adăugați amestecul de condimente măcinat. Se prăjește un minut.
- Adăugați spanacul și gătiți timp de 2-3 minute.
- Se adauga smantana si sarea. Amesteca bine. Turnați acest amestec peste koftas. Se serveste fierbinte.

Paneer Korma

(Curry bogat Paneer)

Porti 4

Ingrediente

Panoul de 500 g/1 lb 2 oz*

3 linguri ulei vegetal rafinat

1 ceapa mare, tocata

2,5 cm/1in rădăcină de ghimbir, tăiată juliană

8 catei de usturoi, macinati

2 ardei iute verzi, tocati marunt

1 rosie mare, tocata marunt

¼ linguriță turmeric

½ linguriță coriandru măcinat

½ linguriță chimen măcinat

1 lingurita praf de chilli

½ linguriță garam masala

125 g iaurt

Sarat la gust

250 ml/8 fl oz apă

2 linguri frunze de coriandru, tocate mărunt

Metodă

- Răzi jumătate din panou și toacă restul în bucăți de 2,5 cm/1 inch.
- Încinge uleiul într-o tigaie. Adăugați bucățile de panou. Prăjiți-le la foc mediu până devin maro auriu. Scurgeti si puneti deoparte.
- În același ulei, prăjiți ceapa, ghimbirul, usturoiul și ardeiul verde la foc mediu timp de 2-3 minute.
- Adăugați roșia. Se prăjește timp de 2 minute.
- Adăugați turmericul, coriandru măcinat, chimen măcinat, praf de ardei iute și garam masala. Amesteca bine. Se prăjește 2-3 minute.
- Se adauga iaurtul, sarea si apa. Amesteca bine. Se fierbe timp de 8-10 minute.
- Adăugați bucățile de paneer prăjite. Amesteca bine. Se fierbe timp de 5 minute.
- Se ornează cu paneer ras și frunze de coriandru. Se serveste fierbinte.

Cartofi Chutney

Porti 4

Ingrediente

100 g/3½ oz frunze de coriandru, tocate mărunt

4 ardei iute verzi

2,5 cm/1in rădăcină de ghimbir

7 catei de usturoi

25 g/nucă de cocos proaspătă, rasă

1 lingura suc de lamaie

1 linguriță de semințe de chimen

1 lingurita seminte de coriandru

½ linguriță turmeric

½ linguriță pudră de chilli

Sarat la gust

750g/1lb 10oz cartofi mari, decojiți și tăiați în discuri

4 linguri ulei vegetal rafinat

¼ linguriță de semințe de muștar

Metodă

- Se amestecă frunzele de coriandru, ardei iute verzi, ghimbir, usturoi, nucă de cocos, sucul de lămâie, chimen și semințele de coriandru. Măcinați acest amestec până la o pastă fină.
- Amestecă această pastă cu turmeric, praf de chilli și sare.
- Marinați cartofii cu acest amestec timp de 30 de minute.
- Încinge uleiul într-o cratiță. Adăugați semințele de muștar. Lăsați-le să stropească timp de 15 secunde.
- Adăugați cartofii. Gătiți-le la foc mic timp de 8-10 minute, amestecând din când în când. Se serveste fierbinte.

Lobia

(Curry Black Eyed Peas)

Porti 4

Ingrediente

400 g/14 oz mazăre neagră, înmuiată peste noapte

Un praf de bicarbonat de sodiu

Sarat la gust

1,4 litri/2½ litri de apă

1 ceapă mare

4 catei de usturoi

3 linguri ghee

2 linguri coriandru macinat

1 lingurita chimen macinat

1 linguriță amchoor*

½ linguriță garam masala

½ linguriță pudră de chilli

¼ linguriță turmeric

2 roșii, tăiate cubulețe

3 ardei iute verzi, tocati marunt

2 linguri frunze de coriandru,

tocat mărunt

Metodă

- Amestecați mazărea neagră cu bicarbonatul de sodiu, sare și 1,2 litri/2 litri de apă. Gătiți acest amestec într-o cratiță la foc mediu timp de 45 de minute. Scurgeti si puneti deoparte.
- Măcinați ceapa și usturoiul până la o pastă.
- Se încălzește ghee-ul într-o cratiță. Adăugați pasta și prăjiți-o la foc mediu până devine maro.
- Adăugați mazărea neagră fiartă, apa rămasă și toate ingredientele rămase, cu excepția frunzelor de coriandru. Se fierbe timp de 8-10 minute.
- Se ornează cu frunze de coriandru. Se serveste fierbinte.

Legumă Khatta Meetha

(Legume dulci și acrișoare)

Porti 4

Ingrediente

1 lingura de faina

1 lingura otet de malt

2 linguri de zahar

50g/1¾oz varză, tăiată mărunt în fâșii lungi

1 ardei verde mare, tocat fasii

1 morcov mare, tăiat fâșii

50g/1¾oz fasole franțuzească, tăiată și tocată

100 g/3½ oz porumb pentru copii

1 lingura ulei vegetal rafinat

½ linguriță pastă de ghimbir

½ linguriță pastă de usturoi

2-3 ardei iute verzi, tocati marunt

4-5 cepe de primavara, tocate marunt

125 g/4½ oz piure de roșii

120 ml/8 fl oz ketchup

Sarat la gust

10 g/¼ oz frunze de coriandru, tocate mărunt

Metodă

- Se amestecă făina cu oțetul și zahărul. Pus deoparte.
- Amestecați varza, ardeiul verde, morcovul, fasolea și porumbul. Abur (vezi tehnici de gătit) acest amestec într-un cuptor cu abur timp de 10 minute. Pus deoparte.
- Încinge uleiul într-o cratiță. Adăugați pasta de ghimbir, pasta de usturoi și ardei iute. Se prăjește timp de 30 de secunde.
- Adăugați ceapa primăvară. Se prăjește timp de 1-2 minute.
- Adăugați legumele fierte la abur și piureul de roșii, ketchup-ul și sarea. Gatiti la foc mic timp de 5-6 minute.
- Adăugați pasta de făină. Gatiti 3-4 minute.
- Se ornează cu frunze de coriandru. Se serveste fierbinte.

Dahiwale Chhole

(Naut in sos de iaurt)

Porti 4

Ingrediente

500g/1lb 2oz năut, înmuiat peste noapte

Un praf de bicarbonat de sodiu

Sarat la gust

1 litru/1¾ litri de apă

3 linguri ghee

2 cepe mari, ras

1 lingurita ghimbir, ras

150 g iaurt

1 lingurita garam masala

1 lingurita de chimion macinat, prajit uscat (vezi<u>tehnici de gătit</u>)

½ linguriță pudră de chilli

¼ linguriță turmeric

1 linguriță amchoor<u>*</u>

½ linguriță de nuci caju

½ lingurita stafide

Metodă

- Se amestecă năutul cu bicarbonatul de sodiu, sarea şi apa. Gătiţi acest amestec într-o cratiţă la foc mediu timp de 45 de minute. Scurgeti si puneti deoparte.
- Se încălzeşte ghee-ul într-o cratiţă. Adăugaţi ceapa şi ghimbirul. Prăjiţi-le la foc mediu până ce ceapa devine translucidă.
- Adăugaţi năutul şi restul ingredientelor, cu excepţia nucilor caju şi a stafidelor. Amesteca bine. Gatiti la foc mic timp de 7-8 minute.
- Se ornează cu nuci caju şi stafide. Se serveste fierbinte.

www.ingramcontent.com/pod-product-compliance
Lightning Source LLC
Chambersburg PA
CBHW070407120526
44590CB00014B/1295